令和5年4月版

産休／育児・介護休業 Q&A

産休／育児・介護休業の手続き

手続きリスト

時期	制度	手続き項目	提出書類や必要な対応等の例	書類取得・提出先
出産前（産休前）	企業	産前・産後休業	○産前産後休業届 ※産前産後休業は届がなくても取得できるので、必要有無は企業によって異なります	企業
	健保・厚年	健保・厚生年金保険料免除	○健康保険・厚生年金保険産前産後休業取得者申出書　⇒29頁	日本年金機構
	企業	育休・産後パパ育休の申出	○（出生時）育児休業申出書　⇒41、64頁	企業
	企業	育休・産後パパ育休の申出をした社員に対する取扱いの通知	○（出生時）育児休業取扱通知書　⇒46頁	育休・産後パパ育休を申し出た従業員
	企業	通勤定期代金返却	休業期間中の通勤定期代金を企業へ返却	－
	企業	住民税	企業から市区町村市民税課へ問い合わせ	市区町村市民税課
	－	生保等の企業払から個人払への変更（加入者のみ）	本人が各保険企業等へ連絡	各保険会社
出産後	企業	出生の届出	○家族異動届	企業
	健保・厚年	健保・厚生年金保険料免除	○産前産後休業取得者変更（終了）届　⇒29頁	日本年金機構
	健保	出産育児一時金請求	○健康保険出産育児一時金支給申請書	必要手続きは、加入先や本人の状況によって異なりますので、詳しくは加入健保に問い合わせ
	健保	出産育児一時金内払金支払依頼 ※医療機関等で出産育児一時金の直接支払制度を利用し、差額の支給が生じる場合	○健康保険出産育児一時金内払金支払依頼書・差額申請書	
	健保	出産手当金請求	○健康保険出産手当金支給申請書　⇒34頁	
育休中	健保・厚年	健保・厚生年金保険料免除	○健康保険 厚生年金保険 育児休業等取得者申出書　⇒29頁	日本年金機構
	雇用保険	育児休業給付	○育児休業給付受給資格確認票・（初回）育児休業給付金支給申請書　⇒113頁	ハローワーク
			○雇用保険被保険者休業開始時賃金月額証明書（育児）　⇒112頁	
復職時	企業	出勤（復職）の報告	○出勤届（休暇・欠勤・休職）	企業
	健保・厚年	育児休業を予定より早く終了した際の届出	○健康保険 厚生年金保険 育児休業等取得者終了届　⇒29頁	日本年金機構
	厚生年金	子が3歳になるまでの年金に関する特例措置の申出	○厚生年金保険 養育期間標準報酬月額特例申出書　⇒31頁	
	健保・厚年	標準報酬月額の改定の申出（該当者のみ）	○健康保険 厚生年金保険 育児休業等終了時報酬月額変更届　⇒30頁	
家族の介護	企業	介護休業の申出	○介護休業申出書　⇒122頁	企業
	企業	介護休業の申出をした社員に対する取扱いの通知	○介護休業取扱通知書　⇒123頁	介護休業を申し出た従業員
	雇用保険	介護休業給付	○介護休業給付金支給申請書　⇒150頁	ハローワーク
			○雇用保険被保険者休業開始時賃金月額証明書（介護）　⇒152頁	

※出産後の行の制度欄には「（例）協会けんぽ加入の場合」と記載されています。

●日本年金機構やハローワークの書類取得はWEBページより行うことができます。

働く女性の妊娠・出産前後に事業主が講ずる措置

妊娠中

○**母性健康管理**（妊娠中及び産後１年を経過しない女性が対象です）
①保健指導又は健康診査を受けるための時間の確保
　事業主は、女性労働者が妊産婦のための保健指導又は健康診査を受診するために必要な時間を確保することができるようにしなければなりません。

本文Ⅰ(1)2.2参照

②指導事項を守ることができるようにするための措置
　妊娠中及び出産後の女性労働者が、健康診査等を受け、医師等から指導を受けた場合は、その女性労働者が、受けた指導事項を守ることができるようにするために、事業主は、勤務時間の変更や勤務の軽減等の措置を講じなければなりません。

本文Ⅰ(1)2.3参照

③母性健康管理指導事項連絡カード
　医師等から受けた指導事項の内容を事業主に的確に伝えるための連絡カードです。

本文Ⅰ(1)2.4参照

○**労働基準法における母性保護規定**
　妊娠中及び産後１年を経過しない女性等が対象です。

本文Ⅰ(1)1.2参照

出産

○**産前休業**
　６週間（多胎妊娠の場合は１４週間）以内に出産する予定の女性が請求した場合、その者を就業させることはできません。出産日当日は産前休業に含まれます。

本文Ⅰ(1)1.参照

出産後

○**産後休業**
　出産日の翌日から８週間を経過しない女性を就業させることはできません。
　ただし、６週間経過後は本人が請求し、医師が支障がないと認めた業務に就かせることは差し支えありません。

本文Ⅰ(1)1.参照

○**育児休業制度**
　１歳に満たない子を養育する男女労働者（有期雇用労働者を含む）は、育児・介護休業法に基づく育児休業を取得できます。

本文Ⅱ(1)参照

○**産後パパ育休制度（出生時育児休業制度）**
　育児休業とは別に、原則として出生後８週間のうち４週間まで、２回に分割して休業することができます。

本文Ⅱ(1)5.参照

育児・介護休業法
（法令により求められる制度）の概要

		育児関係		介護関係
		育児休業	産後パパ育休（出生時育児休業）	介護休業
休業制度	休業の定義	○労働者が原則としてその1歳に満たない子を養育するためにする休業	○産後休業をしていない労働者が原則として出生後8週間以内の子を養育するためにする休業	○労働者がその要介護状態（負傷、疾病又は身体上若しくは精神上の障害により、2週間以上の期間にわたり常時介護を必要とする状態）にある対象家族を介護するためにする休業
	対象労働者	○労働者（日々雇用を除く） ○**有期雇用労働者は、申出時点において、次の要件を満たすことが必要** **・子が1歳6か月（2歳までの休業の場合は2歳）を経過する日までに労働契約期間が満了し、更新されないことが明らかでないこと** ○労使協定で対象外にできる労働者 ・雇用された期間が1年未満の労働者 ・1年（1歳以降の休業の場合は、6か月）以内に雇用関係が終了する労働者 ・週の所定労働日数が2日以下の労働者	○産後休業をしていない労働者（日々雇用を除く） ○有期雇用労働者は、申出時点において、次の要件を満たすことが必要 ・子の出生日又は出産予定日のいずれか遅い方から起算して8週間を経過する日の翌日から6か月を経過する日までに労働契約期間が満了し、更新されないことが明らかでないこと ○労使協定で対象外にできる労働者 ・雇用された期間が1年未満の労働者 ・8週間以内に雇用関係が終了する労働者 ・週の所定労働日数が2日以下の労働者	○労働者（日々雇用を除く） ○有期雇用労働者は、申出時点において、次の要件を満たすことが必要 ・介護休業取得予定日から起算して93日経過する日から6か月を経過する日までに労働契約期間が満了し、更新されないことが明らかでないこと ○労使協定で対象外にできる労働者 ・雇用された期間が1年未満の労働者 ・93日以内に雇用関係が終了する労働者 ・週の所定労働日数が2日以下の労働者
	対象となる家族の範囲	○子	○子	○配偶者（事実婚を含む。以下同じ） 父母、子、配偶者の父母 **祖父母、兄弟姉妹及び孫**
	回数	○子1人につき、**原則2回** ○以下の事情が生じた場合には、再度の育児休業取得が可能 ①新たな産前・産後休業、産後パパ育休、育児休業又は介護休業の開始により育児休業が終了した場合で当該休業に係る子又は家族が死亡等した場合 ②配偶者が死亡した場合又は負傷、疾病、障害により子の養育が困難となった場合 ③離婚等により配偶者が子と同居しないこととなった場合 ④子が負傷、疾病、障害により2週間以上にわたり世話を必要とする場合 ⑤保育所等入所を希望しているが、入所できない場合 ○子が1歳以降の休業については、子が1歳までの育児休業とは別に1回ずつ取得可能 ○1歳以降の休業について上記①の事情が生じた場合に限り、1歳6か月又は2歳までの育児休業も再度の取得が可能	○子1人につき、2回（2回に分割する場合は**まとめて申出**）	○対象家族1人につき、**3回**
	期間	○原則として子が1歳に達するまでの連続した期間 ○ただし、配偶者が育児休業をしているなどの場合は、子が1歳2か月に達するまで出産日、産後休業期間、育児休業期間、産後パパ育休期間を合計して1年間以内の休業が可能	○原則として子の出生後8週間以内の期間内で通算4週間（28日）まで	○対象家族1人につき通算93日まで

		育児関係		介護関係
		育児休業	産後パパ育休（出生時育児休業）	介護休業
休業制度	期間（延長する場合）	○1歳6か月までの育児休業は、次の要件（②ウに該当する場合は②のみ）に該当する場合に取得可能 ①子が1歳に達する日において（パパ・ママ育休プラスで1歳を超えて育児休業をしている場合にはその休業終了予定日において）いずれかの親が育児休業中であること ②次の特別な事情があること 　ア　保育所等への入所を希望しているが、入所できない場合 　イ　子の養育を行っている配偶者（もう一人の親）であって、1歳以降子を養育する予定であったものが死亡、負傷、疾病等により子を養育することが困難になった場合 　ウ　新たな産前・産後休業、産後パパ育休、育児休業又は介護休業の開始により育児休業が終了した場合で当該休業に係る子又は家族が死亡等した場合 ③1歳6か月までの育児休業を取得したことがないこと **※同様の条件で1歳6か月から2歳までの延長可**		
	手続	○書面等で事業主に申出 ・事業主は、証明書類の提出を求めることができる ・事業主は、育児休業の開始予定日及び終了予定日等を、書面等で労働者に通知 ○申出期間（事業主による休業開始日の繰下げ可能期間）は1か月前まで（ただし、出産予定日前に子が出生したこと等の事由が生じた場合は、1週間前まで） 1歳以降の休業の申出は、2週間前まで（1歳到達日（2歳までの育児休業の場合は1歳6か月到達日）の翌日以降は1か月前まで） ○出産予定日前に子が出生したこと等の事由が生じた場合は、休業1回につき1回に限り開始予定日の繰上げ可 ○1か月前までに申し出ることにより、子が1歳に達するまでの期間内で休業1回につき1回に限り終了予定日の繰下げ可 1歳以降の休業をしている場合は、2週間前の日までに申し出ることにより、子が1歳6か月（又は2歳）に達するまでの期間内で1回に限り終了予定日の繰下げ可 ○休業開始予定日の前日までに申し出ることにより撤回可 ○1歳までの育児休業は撤回1回につき1回休業したものとみなす。1歳以降の育児休業は各1回撤回可、撤回後の再度の申出は原則不可	○書面等で事業主に申出 ・事業主は、証明書類の提出を求めることができる ・事業主は、産後パパ育休の開始予定日及び終了予定日等を、書面等で労働者に通知 ○申出期間（事業主による休業開始日の繰下げ可能期間）は2週間前まで（労使協定を締結している場合は2週間超から1か月以内で労使協定で定める期限）まで（ただし、出産予定日前に子が出生したこと等の事由が生じた場合は、1週間前まで） ○出産予定日前に子が出生したこと等の事由が生じた場合は、休業1回につき1回に限り開始予定日の繰上げ可 ○2週間前までに申し出ることにより、子の出生後8週間以内の期間内で通算4週間（28日）の範囲内で休業1回につき1回に限り終了予定日の繰下げ可 ○休業開始予定日の前日までに申し出ることにより撤回可。撤回1回につき1回休業したものとみなす。2回撤回した場合等、再度の申出は不可	○書面等で事業主に申出 ・事業主は、証明書類の提出を求めることができる ・事業主は、介護休業の開始予定日及び終了予定日等を、書面等で労働者に通知 ○申出期間（事業主による休業開始日の繰下げ可能期間）は2週間前まで ○2週間前の日までに申し出ることにより、93日の範囲内で、申出ごとに1回に限り終了予定日の繰下げ可 ○休業開始予定日の前日までに申し出ることにより、撤回可 ○申出が2回連続して撤回された場合には、それ以降の介護休業申出を拒むことができる
	休業中の就業		○休業中に就業させることができる労働者を労使協定で定めている場合に限り、**労働者が合意した範囲で休業中に就業**することが可能 ○就業を希望する労働者は書面等により就業可能日等を申出、事業主は申出の範囲内で就業日等を提示、休業前日までに労使合意 ○就業日数等の上限がある（休業期間中の所定労働日・所定労働時間の半分まで等） ○休業開始予定日の前日までに申し出ることにより撤回可。休業開始日以降は特別な事情がある場合に撤回可能	

		育児関係	介護関係
子の看護休暇	制度の内容	○小学校就学の始期に達するまでの子を養育する労働者は、1年に5日まで（当該子が2人以上の場合は10日まで）、病気・けがをした子の看護又は子に予防接種・健康診断を受けさせるために、休暇が取得できる ○**時間単位での取得**も可能	
	対象労働者	○小学校就学の始期に達するまでの子を養育する労働者（日々雇用を除く） ○労使協定で対象外にできる労働者 　・勤続6か月未満の労働者 　・週の所定労働日数が2日以下の労働者	
介護休暇	制度の内容	○要介護状態にある対象家族の介護その他の世話を行う労働者は、1年に5日まで（対象家族が2人以上の場合は10日まで）、介護その他の世話を行うために、休暇が取得できる ○**時間単位での取得**も可能	
	対象労働者	○要介護状態にある対象家族の介護その他の世話を行う労働者（日々雇用を除く） ○労使協定で対象外にできる労働者 　・勤続6か月未満の労働者 　・週の所定労働日数が2日以下の労働者	
所定外労働を制限する制度	制度の内容	○3歳に満たない子を養育する労働者がその子を養育するために請求した場合においては、事業主は所定労働時間を超えて労働させてはならない	**要介護状態にある対象家族を介護する労働者がその対象家族を介護するために請求した場合においては、事業主は所定労働時間を超えて労働させてはならない**
	対象労働者	○3歳に満たない子を養育する労働者（日々雇用を除く） ○労使協定で対象外にできる労働者 　・勤続1年未満の労働者 　・週の所定労働日数が2日以下の労働者	○要介護状態にある対象家族を介護する労働者（日々雇用を除く） ○労使協定で対象外にできる労働者 　・勤続1年未満の労働者 　・週の所定労働日数が2日以下の労働者
	期間・回数	○1回の請求につき1か月以上1年以内の期間 ○請求できる回数に制限なし	○1回の請求につき1か月以上1年以内の期間 ○請求できる回数に制限なし
	手続	○開始の日の1か月前までに請求	○開始の日の1か月前までに請求
	例外	○事業の正常な運営を妨げる場合は、事業主は請求を拒める	○事業の正常な運営を妨げる場合は、事業主は請求を拒める
時間外労働を制限する制度	制度の内容	○小学校就学の始期に達するまでの子を養育する労働者がその子を養育するために請求した場合においては、事業主は制限時間（1か月24時間、1年150時間）を超えて労働時間を延長してはならない	○要介護状態にある対象家族を介護する労働者がその対象家族を介護するために請求した場合においては、事業主は制限時間（1か月24時間、1年150時間）を超えて労働時間を延長してはならない
	対象労働者	○小学校就学の始期に達するまでの子を養育する労働者 ただし、以下に該当する労働者は対象外 　・日々雇用される労働者 　・勤続1年未満の労働者 　・週の所定労働日数が2日以下の労働者	○要介護状態にある対象家族を介護する労働者 ただし、以下に該当する労働者は対象外 　・日々雇用される労働者 　・勤続1年未満の労働者 　・週の所定労働日数が2日以下の労働者
	期間・回数	○1回の請求につき1か月以上1年以内の期間 ○請求できる回数に制限なし	○1回の請求につき1か月以上1年以内の期間 ○請求できる回数に制限なし
	例外	○事業の正常な運営を妨げる場合は、事業主は請求を拒める	○事業の正常な運営を妨げる場合は、事業主は請求を拒める
	手続	○開始の日の1か月前までに請求	○開始の日の1か月前までに請求
深夜業を制限する制度	制度の内容	○小学校就学の始期に達するまでの子を養育する労働者がその子を養育するために請求した場合においては、事業主は午後10時～午前5時（深夜）において労働させてはならない	○要介護状態にある対象家族を介護する労働者がその対象家族を介護するために請求した場合においては、事業主は午後10時～午前5時（深夜）において労働させてはならない
	対象労働者	○小学校就学の始期に達するまでの子を養育する労働者 ただし、以下に該当する労働者は対象外 　・日々雇用される労働者 　・勤続1年未満の労働者 　・保育ができる同居の家族がいる労働者 　　保育ができる同居の家族とは、16歳以上であって、 　イ　深夜に就労していないこと（深夜の就労日数が1か月につき3日以下の者を含む） 　ロ　負傷、疾病又は心身の障害により保育が困難でないこと 　ハ　6週間（多胎妊娠の場合は14週間）以内に出産する予定であるか、又は産後8週間を経過しない者でないこと 　　のいずれにも該当する者をいう 　・週の所定労働日数が2日以下の労働者 　・所定労働時間の全部が深夜にある労働者	○要介護状態にある対象家族を介護する労働者 ただし、以下に該当する労働者は対象外 　・日々雇用される労働者 　・勤続1年未満の労働者 　・介護ができる同居の家族がいる労働者 　　介護ができる同居の家族とは、16歳以上であって、 　イ　深夜に就労していないこと（深夜の就労日数が1か月につき3日以下の者を含む） 　ロ　負傷、疾病又は心身の障害により介護が困難でないこと 　ハ　6週間（多胎妊娠の場合は14週間）以内に出産する予定であるか、又は産後8週間を経過しない者でないこと 　　のいずれにも該当する者をいう 　・週の所定労働日数が2日以下の労働者 　・所定労働時間の全部が深夜にある労働者
	期間・回数	○1回の請求につき1か月以上6か月以内の期間 ○請求できる回数に制限なし	○1回の請求につき1か月以上6か月以内の期間 ○請求できる回数に制限なし
	手続	○開始の日の1か月前までに請求	○開始の日の1か月前までに請求
	例外	○事業の正常な運営を妨げる場合は、事業主は請求を拒める	○事業の正常な運営を妨げる場合は、事業主は請求を拒める

	育児関係	介護関係
所定労働時間の短縮措置等	○3歳に満たない子を養育する労働者（日々雇用を除く）であって育児休業をしていないもの（1日の所定労働時間が6時間以下である労働者を除く）に関して、1日の所定労働時間を原則として6時間とする措置を含む措置を講ずる義務 ○ただし、労使協定で以下の労働者のうち所定労働時間の短縮措置を講じないものとして定められた労働者は対象外 　1　勤続1年未満の労働者 　2　週の所定労働日数が2日以下の労働者 　3　業務の性質又は業務の実施体制に照らして、所定労働時間の短縮措置を講ずることが困難と認められる業務に従事する労働者 ○上記3の労働者について、所定労働時間の短縮措置を講じないこととするときは、当該労働者について次の措置のいずれかを講ずる義務 ・育児休業に関する制度に準ずる措置 ・フレックスタイム制 ・始業・終業時刻の繰上げ、繰下げ ・事業所内保育施設の設置運営その他これに準ずる便宜の供与	○常時介護を要する対象家族を介護する労働者（日々雇用を除く）に関して、対象家族1人につき次の措置のいずれかを、**利用開始から3年以上の間で2回以上の利用を可能とする措置を講ずる義務** ・所定労働時間を短縮する制度 ・フレックスタイム制 ・始業・終業時刻の繰上げ、繰下げ ・労働者が利用する介護サービスの費用の助成その他これに準ずる制度 ○ただし、労使協定で以下の労働者のうち所定労働時間の短縮措置等を講じないものとして定められた労働者は対象外 　1　勤続1年未満の労働者 　2　週の所定労働日数が2日以下の労働者
小学校就学の始期に達するまでの子を養育又は家族を介護する労働者に関する措置	○小学校就学の始期に達するまでの子を養育する労働者に関して、育児休業に関する制度、所定外労働の制限に関する制度、所定労働時間の短縮措置又はフレックスタイム制等の措置に準じて、必要な措置を講ずる努力義務 ○小学校就学の始期に達するまでの子を養育する労働者に関して、**配偶者出産休暇等の育児に関する目的で利用できる休暇制度**を講ずる努力義務	○家族を介護する労働者に関して、介護休業制度又は所定労働時間の短縮等の措置に準じて、その介護を必要とする期間、回数等に配慮した必要な措置を講ずる努力義務
育児・介護休業等の個別周知	○本人又は配偶者の妊娠・出産等を労働者が申し出た場合に、事業主は当該労働者に育児休業制度等を個別に周知し、取得意向を確認する義務 ○事業主は、次の事項について、就業規則等にあらかじめ定め、周知する努力義務（全従業員への周知、個別周知） ①育児休業及び介護休業中の待遇に関する事項 ②育児休業及び介護休業後の賃金、配置その他の労働条件に関する事項 ③子を養育しないこととなったことにより育児休業期間が終了した場合及び対象家族を介護しないこととなったことにより介護休業期間が終了した場合の労務提供の開始時期に関する事項 ④介護休業中の社会保険料の支払い方に関する事項 ○事業主は、労働者又はその配偶者が妊娠・出産したことを知った場合や、労働者が介護していることを知った場合に、当該労働者に対し、個別に関連制度（育児休業制度等の周知義務の事項以外）を周知する努力義務	―
雇用環境の整備	○育児休業・産後パパ育休の申出が円滑に行われるよう、次のいずれかの措置を講じなければならない ・育児休業・産後パパ育休に関する研修の実施 ・育児休業・産後パパ育休に関する相談体制の整備 ・自社の労働者の育児休業・産後パパ育休取得事例の収集・提供 ・自社の労働者へ育児休業・産後パパ育休に関する制度及び育児休業取得促進に関する方針の周知	
育児休業等に関するハラスメントの防止措置	○事業主は、育児休業、産後パパ育休、介護休業その他子の養育又は家族の介護に関する制度又は措置の申出・利用に関する言動により、労働者の就業環境が害されることがないよう、労働者からの相談に応じ、適切に対応するために**必要な体制の整備その他の雇用管理上必要な措置を講ずる義務**	
労働者の配置に関する配慮	○就業場所の変更を伴う配置の変更において、就業場所の変更により就業しつつ子の養育や家族の介護を行うことが困難となる労働者がいるときは、その子の養育や家族の介護の状況に配慮する義務	
不利益取扱いの禁止	○育児休業、産後パパ育休、介護休業、子の看護休暇、介護休暇、所定外労働の制限、時間外労働の制限、深夜業の制限、所定労働時間の短縮措置等について申出又は取得したこと ○本人又は配偶者の妊娠・出産等の申出をしたこと ○産後パパ育休中の就業可能日等を申出・同意しなかったこと 等を理由とする解雇その他不利益な取扱いの禁止	
育児休業取得状況の公表	○常時雇用する労働者数1,000人超の企業が義務 ○毎年1回、男性の**育児休業等取得率を公表**（育児目的休暇を含むことも可）	

●これらの制度を各事業所においてより広い内容とすることは望ましいものとされています。
●**太字**は重要なポイントです。

法改正（育児・介護休業法等）のポイント

第1　施行期日：令和3 (2021) 年1月1日

子の看護休暇・介護休暇が時間単位で取得可能に

◎子の看護休暇及び介護休暇について、従前の取得単位は「1日単位」又は「半日単位」とされていましたが、これらの休暇を労働者が柔軟に取得することができるよう、「時間単位」で取得できるようになりました。

改正前		改正後
・半日単位での取得が可能 ・1日の所定労働時間が4時間以下の労働者は取得できない		・時間単位での取得が可能 ・すべての労働者が取得できる

子の看護休暇・介護休暇の時間単位取得

〈例〉1日の所定労働時間数が8時間、年5日分の介護休暇が取得可能な場合

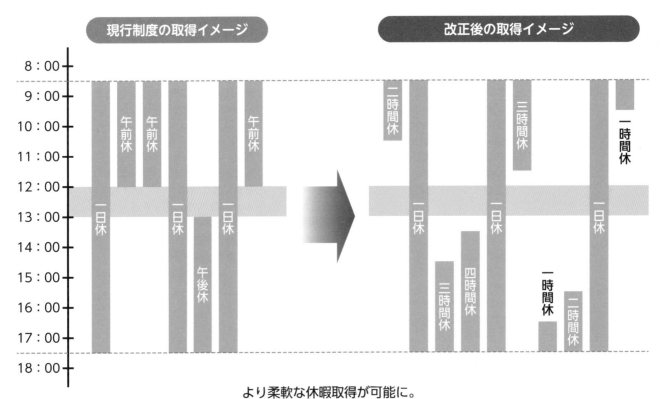

より柔軟な休暇取得が可能に。

ポイント1　子の看護休暇と介護休暇は1時間から取得可能に

・「時間」とは、1時間の整数倍の時間をいい、事業主は、労働者からの申し出に応じ、労働者の希望する時間数で取得できるようにします。

ポイント2　時間単位で取得することが困難な業務は労使協定を締結

・子の看護休暇や介護休暇を時間単位で取得することが困難な業務がある場合は、労使協定を締結することにより、時間単位の休暇制度の対象からその業務に従事する労働者を除外することができます。なお、困難な業務の範囲は労使で十分に話し合って決めます。

・労使協定により時間単位での休暇取得ができないこととなった労働者であっても、引き続き半日単位での休暇取得を認めるように事業主は配慮します。

ポイント3　いわゆる「中抜け」の休暇は認めなくてもよい

・法令上求められる時間単位の取得は、始業時刻から連続又は終業時刻まで連続するもので、いわゆる中抜けは認めなくてもよいとされています。

「介護休暇1日分」の考え方

○介護休暇を日単位で取得するか時間単位で取得するかは、**労働者の選択**に委ねられる。

○介護休暇として**1日の勤務時間全て**休暇を取得する場合、「1日分」の休暇の取得となる。

○時間単位で介護休暇を取得する場合は、休暇を取得した時間数の合計が**1日の所定労働時間数**※に相当する**時間数になるごとに「1日分」の休暇を取得したものとして処理。**

　✓1日の所定労働時間数に1時間に満たない端数がある場合には、**端数を時間単位に切り上げる。**

　※この場合の「1日の所定労働時間数」は、日によって所定労働時間数が異なる場合には、1年間における1日平均所定労働時間数となる。1年間における総所定労働時間数が決まっていない場合には、所定労働時間数が決まっている期間における1日平均所定労働時間数となる。

〈例〉1日の所定労働時間数が7時間30分／年5日分の介護休暇が取得可能な場合
　　　※時間単位で介護休暇を取得する場合は、「30分」という端数を切り上げて<u>8時間分</u>の休暇で「1日分」となる。

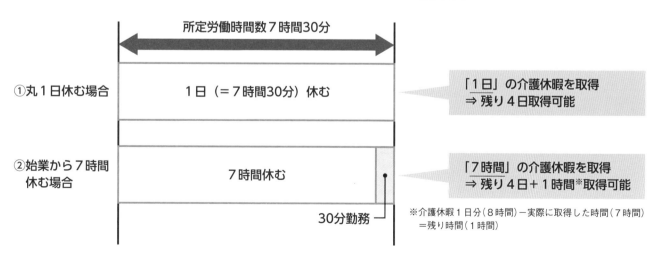

第2 施行期日：令和4 (2022) 年4月1日

1 育児休業を取得しやすい雇用環境の整備

◎事業主は、育児休業の申出が円滑に行われるよう、下表のいずれか1つ以上の措置を講じなければなりません。育児休業には出生時育児休業（次頁参照）を含みます。

◎複数の措置を講じることが望ましいとされています。

雇用環境の整備に関する措置

❶	**育児休業に関する研修の実施** 少なくとも管理職を対象とします（全労働者が望ましい）。
❷	**育児休業に関する相談体制の整備（相談窓口設置）** 相談窓口と相談対応者を決めて、全労働者に周知します。
❸	**自社の育児休業の取得事例の収集と提供** 可能な限りさまざまな事例を収集し、書類の配布やイントラネットに掲示することにより、労働者が閲覧できるようにします。
❹	**自社の制度と育児休業取得促進に関する方針の周知** 会社の方針を事業所内やイントラネットに掲示します。

2 個別周知と意向確認の措置を義務化

◎本人又は配偶者の妊娠・出産等を申し出た労働者に対して、事業主は育児休業制度等に関する下表の事項の周知と休業取得の意向確認の措置を、個別に行わなければなりません。

◎取得を控えさせるような形での個別周知・意向確認は認められません。

妊娠・出産（本人又は配偶者）の申出をした労働者に対する個別の周知事項

周知事項	①育児休業に関する制度 ②育児休業の申出先 ③育児休業給付に関すること ④労働者が休業中に負担する社会保険料の取扱い
個別周知・意向確認の方法	(1)面談　(2)書面交付　(3)FAX　(4)電子メール等　のいずれか 注：(1)はオンライン面談も可能。(3)(4)は労働者が希望した場合のみ

3 有期雇用労働者の「1年以上」要件を撤廃

◎有期雇用労働者の休業取得の要件が緩和され、育児休業・介護休業とも、「引き続き雇用された期間が1年以上」とする要件が撤廃されました。

◎雇用保険の育児休業給付・介護休業給付の支給要件についても同様に緩和されました。

第3 施行期日：令和4 (2022) 年10月1日

1 育児休業中の保険料免除要件を見直し

◎従前の保険料免除要件（育児休業等開始日の属する月から終了日の翌日が属する月の前月まで）に加え、同月内に14日以上育児休業等を取得した場合も免除されます。

◎賞与の保険料は1か月を超える育児休業等をしている場合に限り徴収されません。

2 出生時育児休業（産後パパ育休）を創設

◎男性の休業の取得をより進めるため、男性の取得ニーズの高い「子の出生直後の時期」について、出生時育児休業（通称「産後パパ育休」）が創設されました。

◎子の出生後8週間以内に4週間まで、育児休業とは別に取得できます。

3 育児休業の分割取得が可能に

◎産後パパ育休とは別に、1歳までの育児休業は分割して2回取得可能になりました。

◎1歳以降の育児休業の開始日が柔軟化され、1歳以降の育児休業期間の途中でも夫婦で交替することが可能になりました。

改正後の働き方・休み方のイメージ（例）

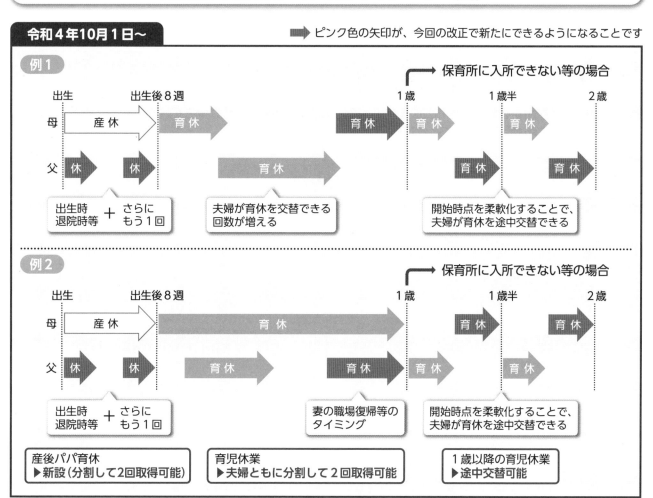

産後パパ育休・育児休業制度の概要

	産後パパ育休 （令和4年10月1日～） 育休とは別に取得可能	育児休業制度 （令和4年10月1日～）	【参考】 改正前の育児休業制度
対象期間 取得可能日数	子の出生後8週間以内に4週間（28日）まで取得可能	原則子が1歳（最長2歳）まで	原則子が1歳（最長2歳）まで
申出期限	原則休業の2週間前まで（雇用環境の整備などについて法を上回る取組みを労使協定で定めている場合は1か月前まで）	原則1か月前まで	原則1か月前まで
分割取得	分割して2回取得可能（初めにまとめて申し出ることが必要）	1歳までの育児休業について分割して2回取得可能（取得の際にそれぞれ申出）	原則分割不可
休業中の就業	労使協定を締結している場合に限り、労働者が合意した範囲で休業中に就業することが可能	原則就業不可	原則就業不可
1歳以降の延長	－	育休開始日を柔軟化	育休開始日は1歳、1歳半の時点に限定
1歳以降の再取得	－	特別な事情がある場合に限り再取得可能	再取得不可

第4 施行期日：令和5（2023）年4月1日

育児休業取得状況の公表の義務化

◎常時雇用する労働者が1,000人を超える企業の事業主は、男性労働者の育児休業等の取得状況を年1回公表することが義務付けられます。

公表内容

　公表を行う日の属する事業年度の直前の事業年度（公表前事業年度）における、下図の①又は②のいずれかの割合を、インターネットの利用その他適切な方法で、一般の方が閲覧できるように公表します。

①育児休業等の取得割合	②育児休業等と育児目的休暇の取得割合
$$\frac{育児休業等をした男性労働者の数}{配偶者が出産した男性労働者の数}$$	$$\frac{育児休業等をした男性労働者の数 + 小学校就学前の子の育児を目的とした休暇制度を利用した男性労働者の数 の合計数}{配偶者が出産した男性労働者の数}$$

※「育児休業等」とは、育児・介護休業法に規定する以下の休業のことです。
・育児休業（産後パパ育休を含む）
・法第23条第2項（3歳未満の子を育てる労働者について所定労働時間の短縮措置を講じない場合の代替措置義務）又は第24条第1項（小学校就学前の子を育てる労働者に関する努力義務）の規定に基づく措置として育児休業に関する制度に準ずる措置を講じた場合は、その措置に基づく休業
※「育児を目的とした休暇」とは、休暇の目的の中に「育児を目的とするもの」であることが就業規則等で明らかにされている休暇制度（育児休業等及び子の看護休暇など法定の制度は除く）です。

(1)産前・産後休業 Q&A

Ⅰ 産前産後 (1)
Ⅰ 産前産後 (2)
Ⅱ 育児休業 (1)
Ⅱ 育児休業 (2)
Ⅲ 介護休業 (1)
Ⅲ 介護休業 (2)

1. 母性保護規定

- 6週間以内に出産する予定の女性や、出産の翌日から8週間を経過しない女性を就業させることは、原則としてできません。

- 妊産婦が請求した場合には、時間外労働、休日労働、又は深夜業をさせることはできません。

1 産前・産後休業

Q1 産前・産後休業とは何ですか。対象はだれですか？

A

(1)産前・産後休業は、労働基準法にもとづき、母性保護の観点から設けられている休業です。

(2)6週間（多胎妊娠の場合は14週間）以内に出産する予定の女性、また、産後8週間※を経過しない女性が、産前・産後休業の対象となります。

(3)「出産」とは、妊娠4か月以上の分娩をいい、「生産」だけでなく「死産」や「流産」も含ま れます。

(4)産前・産後休業の規定は、正規労働者や有期雇用労働者など、働き方の違いに関係なく、すべての女性労働者が対象です。

※ 6週間を経過した後は、労働者本人が請求し、医師が支障ないと認めた場合は6週間。

Q2 産前・産後休業の期間はいつからいつまでですか？

A

(1)女性労働者は、請求すれば出産予定日の6週間前（多胎妊娠の場合は14週間前）から休業（産前休業）することができます。

(2)産前休業は、当該女性労働者が請求した場合に就業させてはならない期間です※1。

(3)また、女性労働者は、出産日の翌日から8週間は、就業することができません（産後休業）※2。

(4)産後休業は、6週間は強制的な休業ですが、6週間を経過した後は、労働者本人が請求し、医師が支障ないと認めた業務に就かせることは差し支えありません。

(5)出産日は産前休業に含まれます。

※1 労働基準法第65条第1項。
※2 労働基準法第65条第2項。

Q3 出産予定日と実際の出産日が異なった場合、産前・産後休業の期間はどうなりますか？

A

(1)産前休業開始日から出産日当日までは産前休業 の扱いです。よって、出産予定日と実際の出産

労働者の方へ

妊娠が分かったら

・出産予定日や休業の予定を、早めに会社に申し出ましょう（配偶者が妊娠した男性も）。また、お住いの市区町村の窓口にできるだけ早く妊娠の届出を行いましょう。

・市区町村の窓口では母子健康手帳の交付とともに、妊婦健診を公費の補助で受けられる受診券や、保健師等による相談、母親学級・両親学級の紹介、各種の情報提供などを受けることができます。

・妊娠中は、普段より一層健康に気をつけなければなりません。あなた自身の安心・安全やお腹の中の赤ちゃんの健康のため、必ず妊婦健康診査等を受けましょう。

・健康診査等を受けるための時間が必要な場合は、会社に申請しましょう（有給か無給かは会社の規定によります）。

医師等の指導を受けたら

・妊婦健康診査等では、体調が優れなかったり、勤務する上で不安に思うことなどがあれば、遠慮なく医師等に申し出ましょう。

・医師等から、妊娠中の通勤緩和、休憩時間の延長、つわりやむくみなどの症状に対応して勤務時間の短縮や作業の制限、休業などの指導を受けた場合には、会社に申し出て措置を講じてもらいましょう。

・指導事項を会社にきちんと伝えることができるよう、医師等に「母性健康管理指導事項連絡カード（母健連絡カード）」に記入してもらうことができます。

日が異なった場合、産前休業期間は次のようになります。

①出産予定日より出産日が早い場合、産前休業期間はその分短くなります。

②出産予定日より出産日が遅れた場合、産前休業期間はその分長くなります。

(2)産後休業は、実際の出産日の翌日から開始します。よって、出産予定日と実際の出産日が異なった場合も産後休業期間（原則8週間）は変わりません。

(3)なお、出産手当金については、出産が予定日より遅れた場合、その遅れた期間についても支給されます（⇒33頁「Q3」参照）。

Q4 産前・産後休業を取る際、労働者は手続きが必要ですか？

A

(1)妊娠していることがわかったら、労働者は、出産予定日や休業の予定を会社へ申し出ます。

(2)会社の就業規則に記載されていない場合でも、労働者は産前・産後休業の制度を利用できます。

(3)労働者が、本人又は配偶者の妊娠・出産を申し出た場合、会社は育児休業制度等について個別に周知し、取得意向を確認しなければなりません[※]。

(4)出産予定日が判明したら、早期に申し出るように、会社は日頃から労働者に周知しておくことが必要です。また、妊娠したことを職場で言い出しやすい環境を日頃から作っておくことも望ましいと考えられます。

※ 育児・介護休業法第21条。

2　その他の母性保護規定

| **Q5** | 産休以外にどのような母性保護規定がありますか？ |

A

(1)労働基準法では、産前・産後休業のほかに、妊娠中や出産後における危険有害業務の就業制限など、母性保護のためのさまざまな規定が設けられています。

(2)労働基準法で定められているいわゆる「母性保護規定」は表のとおりです。

■労働基準法における母性保護規定

産前・産後休業（第65条第1項・第2項）	・産前は6週間（多胎妊娠の場合は14週間）、産後は8週間、女性を就業させることはできません
妊婦の軽易業務転換（第65条第3項）	・妊娠中の女性が請求した場合には、他の軽易な業務に転換させなければなりません
妊産婦等の危険有害業務の就業制限（第64条の3）	・妊産婦等を妊娠、出産、哺育等に有害な業務に就かせることはできません ・妊産婦を就かせてはならない具体的業務は、重量物を取り扱う業務、有害ガスを発散する場所での業務をはじめ、女性労働基準規則第2条で定められています。このうち、女性の妊娠・出産機能に有害な業務については、妊産婦以外の女性についても就業が禁止されています ・なお、妊娠中の女性の放射線業務従事者については、「電離放射線障害防止規則」において、被ばく量の限度が定められています
妊産婦に対する変形労働時間制の適用制限（第66条第1項）	・変形労働時間制が適用される場合であっても、妊産婦が請求した場合には、1日及び1週間の法定労働時間を超えて労働させることはできません
妊産婦の時間外労働、休日労働、深夜業の制限（第66条第2項、第3項）	・妊産婦が請求した場合には、時間外労働、休日労働または深夜業をさせることはできません ・深夜業とは、午後10時から午前5時までの間の就業のことをいいます
育児時間の請求（第67条）	・生後満1年に達しない生児を育てる女性は、休憩時間のほかに、1日2回それぞれ少なくとも30分の育児時間を請求することができます ・生児には実子のほか養子も含みます。また、育児時間をいつ与えるかは当事者間にまかされています ・なお、変形労働時間制の下で労働し、1日の所定労働時間が8時間を超える場合には、具体的状況に応じて法定以上の育児時間を与えることが望ましいとされています

2. 母性健康管理の措置

● 事業主は母性健康管理の措置として、「保健指導又は健康診査を受けるための時間の確保」「指導事項を守ることができるようにするための措置」を行います。

● 妊娠・出産等を理由とする不利益取扱いは禁じられています。

1 母性健康管理措置の概要

Q1 母性健康管理の措置とは何ですか？

A

(1)妊産婦が安心して働くことができる環境を整備するため、男女雇用機会均等法にもとづき、次の(2)(3)の母性健康管理の措置が事業主に義務付けられています。

(2)事業主は、女性労働者が妊産婦[※1]のための保健指導又は健康診査[※2]を受診するために、必要な時間を確保することができるようにしなければなりません[※3]。

(3)また、妊娠中及び出産後の女性労働者が、健康診査等を受け、医師等から指導を受けた場合、

事業主は、その女性労働者が、受けた指導事項を守ることができるようにするために、勤務時間の変更や勤務の軽減等の措置を講じなければなりません[※4]。

※1 ここでいう「妊産婦」とは、妊娠中及び産後1年を経過しない女性をいいます。
※2 ここでいう「保健指導又は健康診査」とは、妊産婦本人を対象に行われる産科に関する診察や諸検査と、その結果に基づいて行われる個別の保健指導のことです。
※3 男女雇用機会均等法第12条。
※4 男女雇用機会均等法第13条。

Q2 母性健康管理に関する措置について就業規則に定める必要はありますか？

A

(1)母性健康管理の措置については、就業規則の中に制度に関する規定を設けなくても、実際に講ずる業務が生じたときにはじめて対応するということも可能ですが、措置が的確に講じられるためには、あらかじめその具体的な取扱いや手続について就業規則に規定しておくことが重要です。

(2)このとき、健康診査受診のための通院休暇制度、妊娠中の症状等に対応するための休暇制度等特別の休暇制度を導入するような場合は、休暇に関する事項として労働基準法上それらの制度の内容を就業規則に記載し、労働基準監督署へ届け出る必要があります。

Q3 確保すべき「必要な時間」とは何ですか？

A

(1)事業主は、女性労働者からの申出があった場合に、勤務時間の中で※健康診査等を受けるために必要な時間を与えなければなりません。

(2)健康診査等に必要な時間については「①健康診査の受診時間」「②保健指導を直接受けている時間」「③医療機関等での待ち時間」「④医療機関等への往復時間」を合わせた時間を考慮にいれて、十分な時間を確保できるようにします。

※　女性労働者が自ら希望して、会社の休日等に健康診査等を受けることを妨げるものではありません。

Q4 派遣労働者は措置を受けられますか？

A

(1)母性健康管理に関する措置は、労働者の健康に直接かつ重大な関係があるものですから、就業形態を問わず、パートタイム、派遣労働者、有期雇用労働者や日々雇用される者等についても、母性健康管理の措置の対象に含まれます。

(2)なお、派遣労働者については、派遣元事業主及び派遣先事業主のいずれについても母性健康管理の措置義務があります。

Q5 勤務時間の短縮や休憩、休業の措置について、賃金の取扱いはどうするべきでしょうか？

A

(1)勤務時間の短縮や休憩・休業によって実際に勤務しなかった時間分の賃金については、労使で話し合って決めることが望まれます。

(2)また、女性労働者が健康診査等を受けるために必要な時間の付与方法（申請方法は書面か口頭かなど）や付与単位（半日単位か時間単位かなど）については、事業主が決めることとなりますが、決定に当たっては、労使で話し合うことが望まれます。

Q6 流産や死産の場合も母性健康管理措置の対象になりますか？

A

(1)流産・死産※した場合には、出血や下腹部痛等への対応として、医師等から一定期間の休業等の指導があることが考えられます。

(2)流産・死産後1年以内であれば（妊娠の週数を問わず）母性健康管理措置の対象となり、事業主は、健康診査を受けるための時間の確保や、医師等からの指導事項を守ることができるようにするための措置を講じなければなりません。

(3)また、妊娠4か月以降の流産・死産の場合は、労働基準法に基づく産後休業（原則8週間）の対象となりますので、事業主は労働者を就業させてはなりません。

(4)流産・死産により身体的にも精神的にも配慮が必要な場合がありますので、女性労働者本人の意向や体調を確認し、必要に応じ主治医の助言を得て対応します。

※　人工妊娠中絶を含みます。

2　健康診査等

Q7　健康診査等を受けるために確保しなければならない回数は何回ですか？

A

(1)事業主は、女性労働者から健康診査等を受けるための時間の確保についての申出があった場合は、次の①又は②の回数のとおり、必要な時間を確保できるようにしなければなりません。

①妊娠中：次のいずれかの回数

　ア）妊娠23週まで⇒4週間に1回

　イ）妊娠35週まで⇒2週間に1回

　ウ）妊娠36週以後出産まで⇒1週間に1回

②産後（出産後1年以内）：医師等の指示に従って必要な時間を確保

(2)ただし、医師又は助産師が上記(1)と異なる指示をしたときは、その指示に従って、必要な時間を確保することができるようにしなければなりません。

Q8　妊娠週数はどのように数えますか？

A

(1)「妊娠週数」は、最終月経の第1日目を0日にして最初の1週を0週として数えます。

(2)必要な健康診査の回数は、通常、女性労働者の担当の医師等が示してくれます。

(3)通院のために必要な時間の申請ができるのは、原則として医師等により妊娠が確定されたあととなります。

Q9　健康診査等の回数や期間はどう数えますか？

A

(1)「1回」とは、健康診査とその健康診査に基づく保健指導を合わせたものです。通常、健康診査と保健指導は同一の日に引き続き行われますが、医療機関等によっては健康診査に基づく保健指導を別の日に実施することもあります。この場合には、両方で1回とみなしますので、事業主は、女性労働者が健康診査を受診した日とは別の日に受ける保健指導についても、時間を確保することが必要になります。

(2)「期間」は、原則として、受診日の翌日から数えて、その週数目の受診日と同じ曜日までです。例えば、「4週」の場合は、ある受診日が木曜日である場合、その翌日である金曜日から数えて4週目に当たる週の木曜日までの期間をいいます。事業主は、その期間内に次回の通院時間を確保できるようにしなければなりません（図参照）。

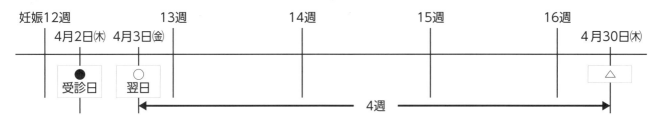

3　指導事項を守ることができるようにするための措置

Q10 指導事項を守れるようにするための措置として何がありますか？

A

(1)妊娠中及び出産後の女性労働者が、健康診査等を受け、医師等から指導を受けた場合、事業主は、その女性労働者が、受けた指導事項を守ることができるようにするために、勤務時間の変更や勤務の軽減等の措置を講じなければなりません。

(2)事業主が講じなければならない措置は、次のとおりです。
　①妊娠中の通勤緩和
　②妊娠中の休憩に関する措置
　③妊娠中又は出産後の症状等に対応する措置

Q11 通院休暇の制度はどのように考えればよいですか？

A

(1)女性労働者が健康診査等を受けるために必要な時間の付与方法として、通院休暇制度を設ける場合には、個々の労働者によって、通院する医療機関等と勤務地との距離が異なったり、医師等に指定される診察時間も一定ではないので、個々の事情に配慮し、通院に要する時間の付与単位は、融通をもたせるようにすることが望まれます。

(2)例えば、半日単位、時間単位等でも取れるようにしておくとよいと考えられます。

(3)通院する医療機関等は、原則として本人が希望する医療機関等とします。

(4)女性労働者が事業主に対して健康診査等に必要な時間を申請するに当たっては、通院の月日、必要な時間、医療機関等の名称及び所在地、妊娠週数等を書面で申請することが望まれます。

(5)事業主は、妊娠週数又は出産予定日を確認する必要がある場合には、女性労働者の了承を得て、診断書、出産予定日証明書等の提出を求めることができます。

Q12 事業主は、年次有給休暇をもって通院休暇に当てるよう指示してもよいでしょうか？

A

(1)通院休暇は、勤務時間内に健康診査等の受診のための時間を確保するという趣旨で設けられるものです。

(2)事業主が一方的に、年次有給休暇や前年から繰り越された年次有給休暇の未消化分をもって通院休暇に当てるよう、女性労働者に対して指示することは認められません。

(3)ただし、女性労働者が自ら希望して年次有給休暇を取得して通院することを妨げるものではありません。

Q13 母性健康管理措置としての「休憩時間」により、休憩の時間分終業時刻を繰り下げることは可能ですか？

A

(1)「休憩時間」の趣旨は、母性健康管理の観点から事実上休憩させる趣旨であり、労働基準法第34条の休憩と同義ではありません。

(2)休憩の措置を講ずることにより、実質的に勤務時間が短縮されたとしても、そのことを理由として終業時刻を繰り下げることが、医師等による指導に反するものとなるような場合は認められません。

(3)また、休憩は、母性健康管理の観点から労働基準法第34条の休憩と別に設けられたものですから、労働基準法上の休憩時間を確保したうえで、さらに必要に応じて休憩回数を増加する必要があります。したがって、例えば昼1時間であるものを30分ずつ2回に分けるなどの分割は認められません。

Q14 不育症と診断された労働者より通院休暇の申出を受けました。どう対応したらよいですか？

A

(1)一般的に、妊娠中の不育症※患者に対しては、医師による妊婦健診の際の経過観察及び内服等による治療や切迫流産の場合の休業等の診断が行われることが多いとされています。

(2)医師から、妊婦健診の指示や、休業等の指導があった場合、母性健康管理措置の対象となりますので、事業主は、妊婦健診の回数が通常より多い場合も必要な時間を確保しなければならず、また、休業等の指導事項を女性労働者が守ることができるようにしなければなりません。

※ 不育症とは、生殖年齢の男女が妊娠を希望し、妊娠は成立するが流産や死産を繰り返して、生児が得られない（結果的に子どもを授かれない）状態をいいます。

4 母性健康管理指導事項連絡カード

Q15 母健連絡カードとは何ですか？

A

(1)母性健康管理指導事項連絡カード（母健連絡カード）は、主治医等が行った指導事項の内容を、妊産婦である女性労働者から事業主へ的確に伝えるためのツールです。

(2)母健連絡カードは次のように使います。

①妊娠中及び出産後の健康診査等の結果、通勤緩和や休憩に関する措置などが必要であると主治医等に指導を受けたとき、母健連絡カードに必要な事項を記入して発行してもらいます。

②女性労働者は、事業主に母健連絡カードを提出して措置を申し出ます。

③事業主は母健連絡カードの記入事項にしたがって時差通勤や休憩時間の延長などの措置を講じます。

(3)妊娠中だけでなく出産後も使用できます。

(4)事業主は、母健連絡カードの記載内容に応じて適切な措置を講じる義務があります。

Q16 母健連絡カードによる申請がなければ、勤務時間短縮等の措置を講じる必要はないでしょうか？

A

(1)母健連絡カードはあくまでも医師等の指導事項を事業主に的確に伝えるためのものです。母健連絡カードの提出がない場合でも、女性労働者本人の申出等からその内容等が明らかであれば事業主は必要な措置を講じる必要があります。

(2)また、その内容が不明確な場合には、事業主は女性労働者を介して医師等と連絡をとり、判断を求める等適切な対応が必要です。

(3)妊娠中の通勤緩和及び休憩の措置に関しては、医師等の具体的な指導が確認できない場合であっても、女性労働者からの申出があれば、通勤事情や作業状況を勘案し、適切な対応を講じることが望まれます。

5 不利益取扱いの禁止

 Q17 どのような取扱いが禁止されていますか？

A

(1)事業主は、女性労働者が妊娠・出産・産前産後休業の取得、妊娠中の時差通勤など男女雇用機会均等法による母性健康管理措置や、深夜業免除など労働基準法による母性保護措置を受けたことなどを理由として、解雇その他不利益な取扱いをしてはなりません。

(2)男女雇用機会均等法違反の要件となっている「理由として」とは妊娠・出産等の事由と不利益取扱いとの間に「因果関係」があることを指します。

(3)妊娠・出産等の事由を「契機として[1]」不利益取扱いを行った場合は、原則として「理由として」いる（事由と不利益取扱いとの間に因果関係がある）と解され、法違反となります。

(4)妊娠中・出産後1年以内の解雇は、「妊娠・出産・産前産後休業を取得したこと等による解雇でないこと」を事業主が証明しない限り無効となります。

(5)また、産前・産後休業の期間及びその後30日間の解雇は禁止されています[2]。

※1 原則として、妊娠・出産等の事由の終了から1年以内に不利益取扱いがなされた場合は「契機として」いると判断されます。ただし、事由の終了から1年を超えている場合であっても、実施時期が事前に決まっている、又は、ある程度定期的になされる措置（人事異動、人事考課、雇止めなど）については、事由終了後の直近の人事異動、人事考課等の機会までの間に不利益取扱いがなされた場合は「契機として」いると判断されます。

※2 労働基準法第19条。

⑵出産・育児と労働保険・社会保険の届出 Q&A

Ⅰ 産前産後 (1)
Ⅰ 産前産後 (2)
Ⅱ 育児休業 (1)
Ⅱ 育児休業 (2)
Ⅲ 介護休業 (1)
Ⅲ 介護休業 (2)

■出産・育児関係の届出スケジュール（例）

出産予定日・出産日‥‥‥‥‥‥‥‥‥‥‥‥‥‥	❷令和5年5月23日
子が1歳に達する日（1歳誕生日の前日）‥‥‥‥	❻令和6年5月22日
子が1歳2か月に達する日‥‥‥‥‥‥‥‥‥‥	❼令和6年7月22日
子が1歳6か月に達する日‥‥‥‥‥‥‥‥‥‥	❽令和6年11月22日
子が3歳に達する日（3歳誕生日の前日）‥‥‥	❾令和8年5月22日

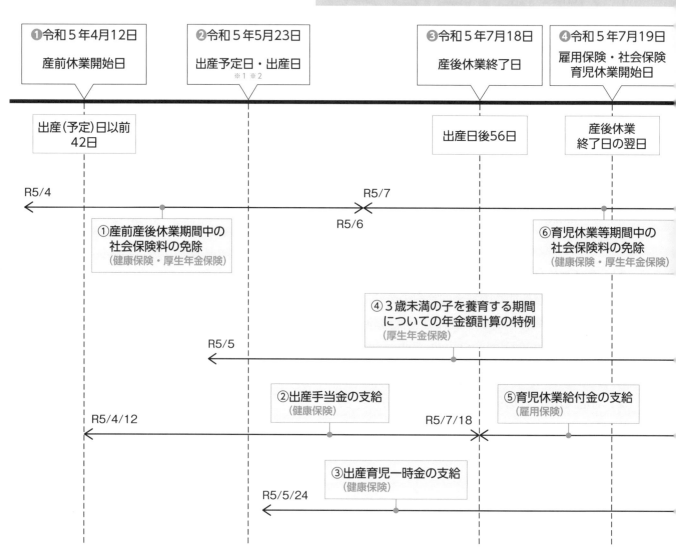

	項目（法律）	例示上の対象期間（最長）	提出期限
①	産前産後休業期間中の社会保険料の免除（健康保険・厚生年金保険）	令和5年4月（産前休業開始月）〜令和5年6月（産後休業終了日の翌日の月の前月）	産前産後休業中
②	出産手当金の支給（健康保険）	令和5年4月12日（❶）〜 令和5年7月18日（❸）	産前産後休業開始日の翌日から2年以内
③	出産育児一時金の支給（健康保険）	令和5年5月24日（❷の翌日）〜令和7年5月23日	出産日の翌日から2年以内
④	3歳未満の子を養育する期間についての年金額計算の特例（厚生年金保険）	令和5年5月（養育開始月）〜令和8年4月（3歳到達日の翌日の月の前月）	申出が遅れた場合、遡及するのは申出を行った月の前月までの2年間
⑤	育児休業給付金の支給（雇用保険）	令和5年7月19日（❹）〜令和6年5月21日（❺）または7月21日（❼の前日）または11月21日（❽の前日）	＜受給資格確認手続のみ行う場合＞初回の支給申請を行う日まで＜初回の申請も同時に行う場合＞育児休業開始日から4か月を経過する日の属する月の末日まで

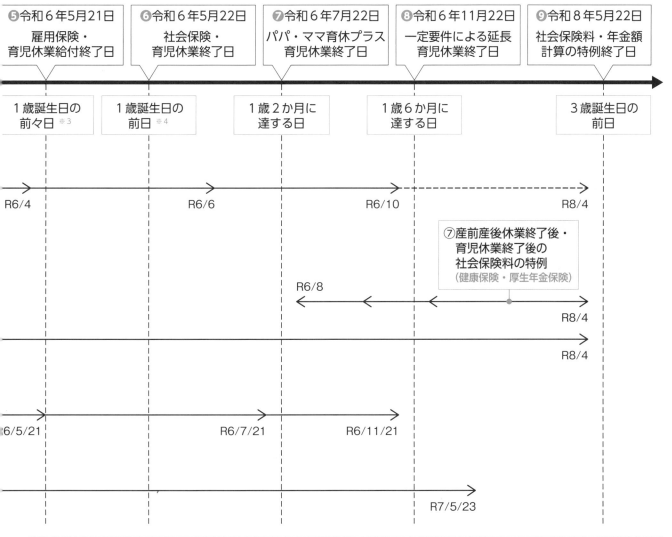

※1　出産日は産前休業の扱い
※2　出産日が出産予定日より遅れた場合は、出産日当日までが産前休業の扱い
※3　雇用保険の育児休業終了日は、1歳誕生日の前々日（1歳に満たない子）
※4　社会保険の育児休業終了日は、1歳誕生日の前日（1歳に達するまで。「年齢計算に関する法律」により、1歳に達する日は1歳誕生日の前日）

❺令和6年5月21日
雇用保険・
育児休業給付終了日

❻令和6年5月22日
社会保険・
育児休業終了日

❼令和6年7月22日
パパ・ママ育休プラス
育児休業終了日

❽令和6年11月22日
一定要件による延長
育児休業終了日

❾令和8年5月22日
社会保険料・年金額
計算の特例終了日

1歳誕生日の
前々日 ※3

1歳誕生日の
前日 ※4

1歳2か月に
達する日

1歳6か月に
達する日

3歳誕生日の
前日

R6/4　　　R6/6　　　R6/10　　　R8/4

⑦産前産後休業終了後・
育児休業終了後の
社会保険料の特例
（健康保険・厚生年金保険）

R6/8　　　　　　　　　　　R8/4

R8/4

6/5/21　　　R6/7/21　　　R6/11/21

R7/5/23

	項目（法律）	例示上の対象期間（最長）	提出期限
⑥	育児休業等期間中の社会保険料の免除※（健康保険・厚生年金保険）	令和5年7月（育児休業開始月）～令和6年4月または令和6年6月または令和6年10月（育児休業終了日の翌日の月の前月）	休業開始から速やかに
⑦	産前産後休業終了後・育児休業終了後の社会保険料の特例※（健康保険・厚生年金保険）	産前産後休業又は社会保険の育児休業終了月後3か月間の報酬月額の平均にもとづき、4か月目から標準報酬月額を改定　休業終了日が令和6年5月22日であれば、5月・6月・7月の報酬月額の平均にもとづき、8月から新しい標準報酬月額が適用	速やかに　なお、改定された標準報酬月額は、改定が1月～6月の場合は当年8月まで、7月～12月の場合は翌年8月まで適用（随時改定等がない場合）

※対象となる期間は「満3歳未満の子を養育するための育児休業等（育児休業及び育児休業に準ずる措置による休業）期間」です。
　1歳（1歳6か月又は2歳）から3歳までの育児休業（育児休業に準ずる措置による休業）が導入されている事業所の場合は、その期間も社会保険料の免除と終了後の特例が適用されます（事例では最長で令和8年4月までの間）。

■産前休業・育児休業開始日早見表

●うるう年は１日ずれることに注意してください
　　　　この期間の産前休業開始日は１日遅らせる
　　　　この期間の育児休業開始日は１日早める
●令和６（2024）年はうるう年です

出産（予定）日	産前休業開始日	育休開始日	出産（予定）日	産前休業開始日	育休開始日	出産（予定）日	産前休業開始日	育休開始日
1月1日	11月21日	2月27日	2月1日	12月22日	3月30日	3月1日	1月19日	4月27日
1月2日	11月22日	2月28日	2月2日	12月23日	3月31日	3月2日	1月20日	4月28日
1月3日	11月23日	3月1日	2月3日	12月24日	4月1日	3月3日	1月21日	4月29日
1月4日	11月24日	3月2日	2月4日	12月25日	4月2日	3月4日	1月22日	4月30日
1月5日	11月25日	3月3日	2月5日	12月26日	4月3日	3月5日	1月23日	5月1日
1月6日	11月26日	3月4日	2月6日	12月27日	4月4日	3月6日	1月24日	5月2日
1月7日	11月27日	3月5日	2月7日	12月28日	4月5日	3月7日	1月25日	5月3日
1月8日	11月28日	3月6日	2月8日	12月29日	4月6日	3月8日	1月26日	5月4日
1月9日	11月29日	3月7日	2月9日	12月30日	4月7日	3月9日	1月27日	5月5日
1月10日	11月30日	3月8日	2月10日	12月31日	4月8日	3月10日	1月28日	5月6日
1月11日	12月1日	3月9日	2月11日	1月1日	4月9日	3月11日	1月29日	5月7日
1月12日	12月2日	3月10日	2月12日	1月2日	4月10日	3月12日	1月30日	5月8日
1月13日	12月3日	3月11日	2月13日	1月3日	4月11日	3月13日	1月31日	5月9日
1月14日	12月4日	3月12日	2月14日	1月4日	4月12日	3月14日	2月1日	5月10日
1月15日	12月5日	3月13日	2月15日	1月5日	4月13日	3月15日	2月2日	5月11日
1月16日	12月6日	3月14日	2月16日	1月6日	4月14日	3月16日	2月3日	5月12日
1月17日	12月7日	3月15日	2月17日	1月7日	4月15日	3月17日	2月4日	5月13日
1月18日	12月8日	3月16日	2月18日	1月8日	4月16日	3月18日	2月5日	5月14日
1月19日	12月9日	3月17日	2月19日	1月9日	4月17日	3月19日	2月6日	5月15日
1月20日	12月10日	3月18日	2月20日	1月10日	4月18日	3月20日	2月7日	5月16日
1月21日	12月11日	3月19日	2月21日	1月11日	4月19日	3月21日	2月8日	5月17日
1月22日	12月12日	3月20日	2月22日	1月12日	4月20日	3月22日	2月9日	5月18日
1月23日	12月13日	3月21日	2月23日	1月13日	4月21日	3月23日	2月10日	5月19日
1月24日	12月14日	3月22日	2月24日	1月14日	4月22日	3月24日	2月11日	5月20日
1月25日	12月15日	3月23日	2月25日	1月15日	4月23日	3月25日	2月12日	5月21日
1月26日	12月16日	3月24日	2月26日	1月16日	4月24日	3月26日	2月13日	5月22日
1月27日	12月17日	3月25日	2月27日	1月17日	4月25日	3月27日	2月14日	5月23日
1月28日	12月18日	3月26日	2月28日	1月18日	4月26日	3月28日	2月15日	5月24日
1月29日	12月19日	3月27日	2月29日	1月19日	4月26日	3月29日	2月16日	5月25日
1月30日	12月20日	3月28日				3月30日	2月17日	5月26日
1月31日	12月21日	3月29日				3月31日	2月18日	5月27日

出産（予定）日	産前休業開始日	育休開始日	出産（予定）日	産前休業開始日	育休開始日	出産（予定）日	産前休業開始日	育休開始日
4月1日	2月19日	5月28日	5月1日	3月21日	6月27日	6月1日	4月21日	7月28日
4月2日	2月20日	5月29日	5月2日	3月22日	6月28日	6月2日	4月22日	7月29日
4月3日	2月21日	5月30日	5月3日	3月23日	6月29日	6月3日	4月23日	7月30日
4月4日	2月22日	5月31日	5月4日	3月24日	6月30日	6月4日	4月24日	7月31日
4月5日	2月23日	6月1日	5月5日	3月25日	7月1日	6月5日	4月25日	8月1日
4月6日	2月24日	6月2日	5月6日	3月26日	7月2日	6月6日	4月26日	8月2日
4月7日	2月25日	6月3日	5月7日	3月27日	7月3日	6月7日	4月27日	8月3日
4月8日	2月26日	6月4日	5月8日	3月28日	7月4日	6月8日	4月28日	8月4日
4月9日	2月27日	6月5日	5月9日	3月29日	7月5日	6月9日	4月29日	8月5日
4月10日	2月28日	6月6日	5月10日	3月30日	7月6日	6月10日	4月30日	8月6日
4月11日	3月1日	6月7日	5月11日	3月31日	7月7日	6月11日	5月1日	8月7日
4月12日	3月2日	6月8日	5月12日	4月1日	7月8日	6月12日	5月2日	8月8日
4月13日	3月3日	6月9日	5月13日	4月2日	7月9日	6月13日	5月3日	8月9日
4月14日	3月4日	6月10日	5月14日	4月3日	7月10日	6月14日	5月4日	8月10日
4月15日	3月5日	6月11日	5月15日	4月4日	7月11日	6月15日	5月5日	8月11日
4月16日	3月6日	6月12日	5月16日	4月5日	7月12日	6月16日	5月6日	8月12日
4月17日	3月7日	6月13日	5月17日	4月6日	7月13日	6月17日	5月7日	8月13日
4月18日	3月8日	6月14日	5月18日	4月7日	7月14日	6月18日	5月8日	8月14日
4月19日	3月9日	6月15日	5月19日	4月8日	7月15日	6月19日	5月9日	8月15日
4月20日	3月10日	6月16日	5月20日	4月9日	7月16日	6月20日	5月10日	8月16日
4月21日	3月11日	6月17日	5月21日	4月10日	7月17日	6月21日	5月11日	8月17日
4月22日	3月12日	6月18日	5月22日	4月11日	7月18日	6月22日	5月12日	8月18日
4月23日	3月13日	6月19日	5月23日	4月12日	7月19日	6月23日	5月13日	8月19日
4月24日	3月14日	6月20日	5月24日	4月13日	7月20日	6月24日	5月14日	8月20日
4月25日	3月15日	6月21日	5月25日	4月14日	7月21日	6月25日	5月15日	8月21日
4月26日	3月16日	6月22日	5月26日	4月15日	7月22日	6月26日	5月16日	8月22日
4月27日	3月17日	6月23日	5月27日	4月16日	7月23日	6月27日	5月17日	8月23日
4月28日	3月18日	6月24日	5月28日	4月17日	7月24日	6月28日	5月18日	8月24日
4月29日	3月19日	6月25日	5月29日	4月18日	7月25日	6月29日	5月19日	8月25日
4月30日	3月20日	6月26日	5月30日	4月19日	7月26日	6月30日	5月20日	8月26日
			5月31日	4月20日	7月27日			

出産(予定)日	産前休業開始日	育休開始日	出産(予定)日	産前休業開始日	育休開始日	出産(予定)日	産前休業開始日	育休開始日
7月1日	5月21日	8月27日	8月1日	6月21日	9月27日	9月1日	7月22日	10月28日
7月2日	5月22日	8月28日	8月2日	6月22日	9月28日	9月2日	7月23日	10月29日
7月3日	5月23日	8月29日	8月3日	6月23日	9月29日	9月3日	7月24日	10月30日
7月4日	5月24日	8月30日	8月4日	6月24日	9月30日	9月4日	7月25日	10月31日
7月5日	5月25日	8月31日	8月5日	6月25日	10月1日	9月5日	7月26日	11月1日
7月6日	5月26日	9月1日	8月6日	6月26日	10月2日	9月6日	7月27日	11月2日
7月7日	5月27日	9月2日	8月7日	6月27日	10月3日	9月7日	7月28日	11月3日
7月8日	5月28日	9月3日	8月8日	6月28日	10月4日	9月8日	7月29日	11月4日
7月9日	5月29日	9月4日	8月9日	6月29日	10月5日	9月9日	7月30日	11月5日
7月10日	5月30日	9月5日	8月10日	6月30日	10月6日	9月10日	7月31日	11月6日
7月11日	5月31日	9月6日	8月11日	7月1日	10月7日	9月11日	8月1日	11月7日
7月12日	6月1日	9月7日	8月12日	7月2日	10月8日	9月12日	8月2日	11月8日
7月13日	6月2日	9月8日	8月13日	7月3日	10月9日	9月13日	8月3日	11月9日
7月14日	6月3日	9月9日	8月14日	7月4日	10月10日	9月14日	8月4日	11月10日
7月15日	6月4日	9月10日	8月15日	7月5日	10月11日	9月15日	8月5日	11月11日
7月16日	6月5日	9月11日	8月16日	7月6日	10月12日	9月16日	8月6日	11月12日
7月17日	6月6日	9月12日	8月17日	7月7日	10月13日	9月17日	8月7日	11月13日
7月18日	6月7日	9月13日	8月18日	7月8日	10月14日	9月18日	8月8日	11月14日
7月19日	6月8日	9月14日	8月19日	7月9日	10月15日	9月19日	8月9日	11月15日
7月20日	6月9日	9月15日	8月20日	7月10日	10月16日	9月20日	8月10日	11月16日
7月21日	6月10日	9月16日	8月21日	7月11日	10月17日	9月21日	8月11日	11月17日
7月22日	6月11日	9月17日	8月22日	7月12日	10月18日	9月22日	8月12日	11月18日
7月23日	6月12日	9月18日	8月23日	7月13日	10月19日	9月23日	8月13日	11月19日
7月24日	6月13日	9月19日	8月24日	7月14日	10月20日	9月24日	8月14日	11月20日
7月25日	6月14日	9月20日	8月25日	7月15日	10月21日	9月25日	8月15日	11月21日
7月26日	6月15日	9月21日	8月26日	7月16日	10月22日	9月26日	8月16日	11月22日
7月27日	6月16日	9月22日	8月27日	7月17日	10月23日	9月27日	8月17日	11月23日
7月28日	6月17日	9月23日	8月28日	7月18日	10月24日	9月28日	8月18日	11月24日
7月29日	6月18日	9月24日	8月29日	7月19日	10月25日	9月29日	8月19日	11月25日
7月30日	6月19日	9月25日	8月30日	7月20日	10月26日	9月30日	8月20日	11月26日
7月31日	6月20日	9月26日	8月31日	7月21日	10月27日			

出産(予定)日	産前休業開始日	育休開始日	出産(予定)日	産前休業開始日	育休開始日	出産(予定)日	産前休業開始日	育休開始日
10月1日	8月21日	11月28日	11月1日	9月22日	12月28日	12月1日	10月21日	1月27日
10月2日	8月22日	11月29日	11月2日	9月23日	12月29日	12月2日	10月22日	1月28日
10月3日	8月23日	11月30日	11月3日	9月24日	12月30日	12月3日	10月23日	1月29日
10月4日	8月24日	12月1日	11月4日	9月24日	12月31日	12月4日	10月24日	1月30日
10月5日	8月25日	12月1日	11月5日	9月25日	1月1日	12月5日	10月25日	1月31日
10月6日	8月26日	12月2日	11月6日	9月26日	1月2日	12月6日	10月26日	2月1日
10月7日	8月27日	12月3日	11月7日	9月27日	1月3日	12月7日	10月27日	2月2日
10月8日	8月28日	12月4日	11月8日	9月28日	1月4日	12月8日	10月28日	2月3日
10月9日	8月29日	12月5日	11月9日	9月29日	1月5日	12月9日	10月29日	2月4日
10月10日	8月30日	12月6日	11月10日	9月30日	1月6日	12月10日	10月30日	2月5日
10月11日	8月31日	12月7日	11月11日	10月1日	1月7日	12月11日	10月31日	2月6日
10月12日	9月1日	12月8日	11月12日	10月2日	1月8日	12月12日	11月1日	2月7日
10月13日	9月2日	12月9日	11月13日	10月3日	1月9日	12月13日	11月2日	2月8日
10月14日	9月3日	12月10日	11月14日	10月4日	1月10日	12月14日	11月3日	2月9日
10月15日	9月4日	12月11日	11月15日	10月5日	1月11日	12月15日	11月4日	2月10日
10月16日	9月5日	12月12日	11月16日	10月6日	1月12日	12月16日	11月5日	2月11日
10月17日	9月6日	12月13日	11月17日	10月7日	1月13日	12月17日	11月6日	2月12日
10月18日	9月7日	12月14日	11月18日	10月8日	1月14日	12月18日	11月7日	2月13日
10月19日	9月8日	12月15日	11月19日	10月9日	1月15日	12月19日	11月8日	2月14日
10月20日	9月9日	12月16日	11月20日	10月10日	1月16日	12月20日	11月9日	2月15日
10月21日	9月10日	12月17日	11月21日	10月11日	1月17日	12月21日	11月10日	2月16日
10月22日	9月11日	12月18日	11月22日	10月12日	1月18日	12月22日	11月11日	2月17日
10月23日	9月12日	12月19日	11月23日	10月13日	1月19日	12月23日	11月12日	2月18日
10月24日	9月13日	12月20日	11月24日	10月14日	1月20日	12月24日	11月13日	2月19日
10月25日	9月14日	12月21日	11月25日	10月15日	1月21日	12月25日	11月14日	2月20日
10月26日	9月15日	12月22日	11月26日	10月16日	1月22日	12月26日	11月15日	2月21日
10月27日	9月16日	12月23日	11月27日	10月17日	1月23日	12月27日	11月16日	2月22日
10月28日	9月17日	12月24日	11月28日	10月18日	1月24日	12月28日	11月17日	2月23日
10月29日	9月18日	12月25日	11月29日	10月19日	1月25日	12月29日	11月18日	2月24日
10月30日	9月19日	12月26日	11月30日	10月20日	1月26日	12月30日	11月19日	2月25日
10月31日	9月20日	12月27日				12月31日	11月20日	2月26日

1. 産前産後休業・育児休業と社会保険料

- 産休・育休期間は、社会保険（健康保険・厚生年金保険）の保険料が免除されます。

- 産休・育休の終了後に報酬が低下した場合には、特例で標準報酬が改定されます。

- 3歳未満の子を養育する期間中の報酬の低下が、将来の年金額に影響しないように特例措置があります。

1 産休・育休期間の社会保険料の免除

Q1 産休・育休中の健康保険・厚生年金の保険料は免除されますか？

A

(1)産前産後休業・3歳未満の子を養育するための育児休業等（育児休業又は育児休業の制度に準ずる措置による休業）をしている間、社会保険料（健康保険と厚生年金保険の保険料）は、事業主の申出によって、被保険者本人負担分及び事業主負担分ともに免除されます。

(2)免除対象はすべての保険料（月々の保険料と賞与の保険料）で、免除期間は次のとおり定められています。

①産前6週間（多胎妊娠14週間）から産後8週間の産前産後休業期間のうち、妊娠・出産のため労務に従事しなかった期間

②育児休業等の開始日の月から、終了日の翌日の月の前月までの期間（ただし、子が3歳に達するまで）※

(3)保険料の免除を受けても、健康保険の給付は通常どおり受けられます。また、免除された期間分も将来の年金額に反映されます。

※　月の末日が育児休業等の期間であるか、通算2週間以上の育児休業等をしていればその月の保険料は徴収されず、賞与の保険料は1か月を超える育児休業等の場合に限り徴収されません。

Q2 保険料免除の手続はどのようにしますか？

A

(1)事業主が、産前産後休業については「産前産後休業取得者申出書」を、育児休業については「育児休業等取得者申出書」を、年金事務所（事務センター）及び健康保険組合に提出します。

(2)事業主は、次の休業期間の変更についても届出が必要です。（記入例は省略）

①産前産後休業の保険料免除を受けている被保険者が、出産により休業期間に変更があったとき、又は終了予定日前に休業を終了したときは、「産前産後休業取得者変更（終了）届」

②育児休業の保険料免除を受けている被保険者が、育児休業を延長するときは「育児休業等取得者申出書」、終了予定日前に休業を終了したときは「育児休業等取得者終了届」

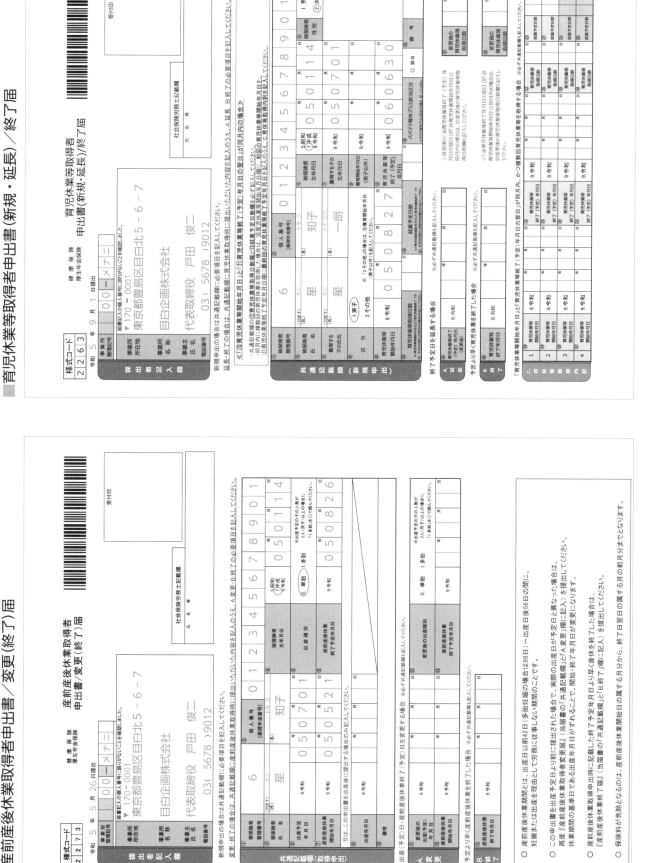

2 産休・育休期間終了後の社会保険料の特例

Q3 休業終了後の保険料はどのように取り扱われますか？

A

(1)保険料算定に用いる「標準報酬月額」は、次のように定められます。

　①毎年４月～６月の報酬で決定し９月から適用（定時決定）

　②報酬が大きく変動し、３か月平均で標準報酬月額の等級に２等級以上の差が出た場合は、届出により４か月目に改定（随時改定）

(2)産前産後休業・育児休業後の標準報酬月額は、一般に休業前の報酬額により決められています。このため、休業終了後に育児等を理由に報酬額が低下（変動）した場合、実際の報酬額とかけ離れた額になることがあります。

(3)低下した報酬額に対応した標準報酬月額とするため、休業後に子を養育する被保険者が、事業主を経由して保険者に申出をした場合は、「１等級差」でも標準報酬月額が改定されます。

Q4 標準報酬改定の手続はどのようにしますか？

A

(1)被保険者が事業主を経由して、休業終了日の翌日の月以後の３か月間に受けた報酬を、「産前産後休業終了時報酬月額変更届」「育児休業等終了時報酬月額変更届」で年金事務所（事務センター）に届け出ます。

(2)３か月間に受けた報酬額の平均により標準報酬が改定され、４か月目から適用されて、休業後の報酬に応じた保険料となります。

■産前産後休業終了時報酬月額変更届

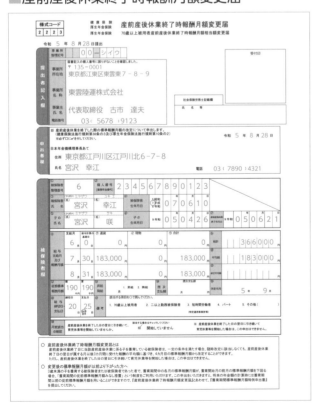

■育児休業等終了時報酬月額変更届

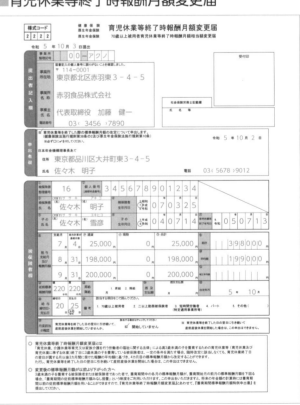

3 養育期間の年金額計算の特例

Q5 保険料が下がると将来の年金額も下がるのでしょうか？

A

(1)厚生年金保険の年金額は、在職中に納めた保険料（標準報酬月額）に応じて計算されます。ただし、育児等のための報酬額の低下は、年金額には影響しないしくみとなっています。

(2)具体的には、3歳未満の子の養育期間についての年金額は、育児等による報酬額の低下前の標準報酬月額で計算されます。

①各月の標準報酬月額が、子の養育を始めた月の前月と比べて低下した期間については、養育を始めた月の前月の標準報酬月額で計算

②子の養育を始める前に退職し、その後養育期間内に再び働き始めた場合などは、子の養育を始めた月の前月より直近1年以内で、最後に被保険者であった月の標準報酬月額で計算

Q6 年金額特例の手続はどのようにしますか？

A

(1)被保険者が、事業主を経由して「厚生年金保険養育期間標準報酬月額特例申出書」を年金事務所（事務センター）に提出します。

(2)申出時にすでに退職して被保険者資格を喪失していた場合は、本人が申出をします。

(3)申出日より前に養育期間がある場合は、養育期間のうち申出日が含まれる月の前月までの2年間、さかのぼってこの措置が受けられます。

■厚生年金保険養育期間標準報酬月額特例申出書

2. 出産したときの健康保険の給付

● 被保険者・被扶養者は、出産したとき、原則 50 万円の出産育児一時金を受けられます。

● 被保険者が出産で仕事を休み給料を受けられないときは、出産手当金が受けられます。

Q1 出産したとき健康保険からの給付がありますか？

A

(1)被保険者（被扶養者）が出産したときは、申請により、出産育児一時金（家族出産育児一時金）が支給されます。なお、ここでの出産とは、妊娠85日（4か月）以後の生産（早産）、死産（流産）、人工妊娠中絶をいいます。

(2)出産育児一時金等の額は、1児につき50万円（一定の場合は48.8万円）です。多胎児を出産したときは、胎児数分だけ支給されます。

Q2 出産育児一時金の受給方法について教えてください。

A

(1)出産育児一時金には、直接支払制度（⇒図）と受取代理制度があります。

(2)直接支払制度は、出産費用に出産育児一時金を充てられるように、健康保険から出産育児一時金を医療機関等に直接支払うしくみです。

(3)直接支払制度を採用しない診療所・助産所では、診療所等が被保険者等に代わって出産育児一時金を受け取る制度を利用できます。

(4)上記の方法を希望しない場合は、出産後に被保険者等が健康保険に申請（「健康保険出産育児一時金支給申請書」（様式例は省略）を提出）して出産育児一時金を受け取ります。

■ 直接支払制度の流れ

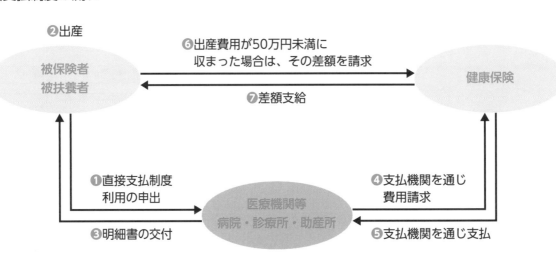

❷出産

❻出産費用が50万円未満に収まった場合は、その差額を請求

被保険者
被扶養者

❼差額支給

健康保険

❶直接支払制度
利用の申出

❸明細書の交付

医療機関等
病院・診療所・助産所

❹支払機関を通じ
費用請求

❺支払機関を通じ支払

Q3 出産のための休業期間中に手当金はありますか？

A

⑴被保険者（任意継続被保険者を除く）が、出産のため会社を休み給与の支払いを受けなかった場合は、出産日（実際の出産が予定日後のときは出産予定日）以前42日（多胎妊娠の場合98日）から出産の翌日以後56日目までの範囲内で、出産手当金が受けられます。

⑵出産が予定日より遅れた場合、その遅れた期間についても出産手当金が支給されます。

⑶支給される金額は、1日当たり「支給開始日の以前12か月間の各標準報酬月額を平均した額÷30日×（2／3）」です。

⑷休んだ期間について、出産手当金の額より多い給与が支給される場合は、出産手当金は受けられません。ただし、給与の日額が出産手当金の日額より少ない場合は、その差額が受けられます。

⑸出産手当金を受けようとするときは、被保険者が「健康保険出産手当金支給申請書」（様式例⇒次頁）を健康保険に提出します。

■出産予定日に出産した場合又は出産予定日より早く出産した場合

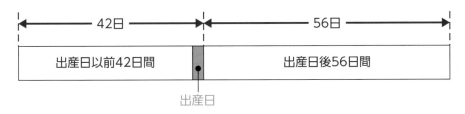

■出産予定日より遅れて出産した場合

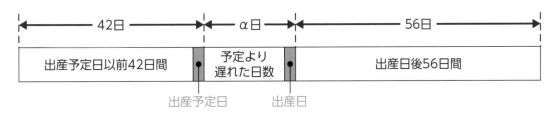

資格喪失後の出産育児一時金

資格喪失日の前日（退職日等）まで被保険者期間が継続して1年以上ある方が、資格喪失日から6か月以内に出産したときは、出産育児一時金が受けられます。資格喪失後に被扶養者となった場合は、資格喪失後の出産育児一時金又は家族出産育児一時金のどちらかを選択して受けます。

なお、被保険者の資格喪失後にその被扶養者だった家族が出産しても、家族出産育児一時金は受けられません。

資格喪失後の出産手当金

資格喪失日の前日（退職日等）まで被保険者期間が継続して1年以上あり、被保険者の資格喪失の日の前日に、現に出産手当金の支給を受けているか、受けられる状態（出産日以前42日目が加入期間であること、かつ、退職日は出勤していないこと）であれば、資格喪失後も所定の期間の範囲内で引き続き支給を受けることができます。

■健康保険出産手当金支給申請書

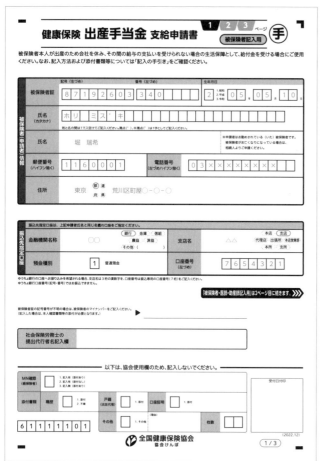

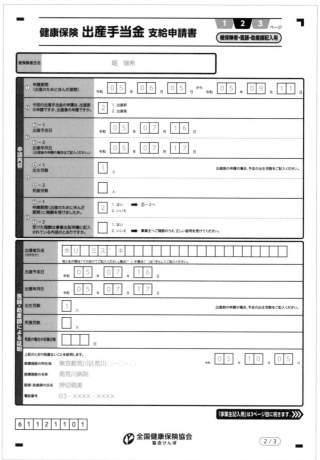

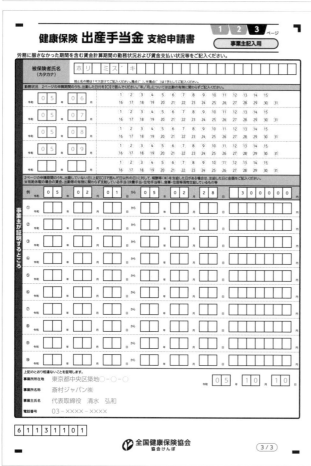

（1）育児休業

Ⅰ 産前産後 (1)
Ⅰ 産前産後 (2)
Ⅱ 育児休業 (1)
Ⅱ 育児休業 (2)
Ⅲ 介護休業 (1)
Ⅲ 介護休業 (2)

1. 育児休業の対象となる労働者

●育児休業とは、子を養育するためにする休業のことです。

●育児休業の対象となる労働者は、原則として1歳に満たない子を養育する男女の労働者です。

●養子縁組の関係にある子についても、育児休業の対象となります。

1 育児休業の対象者

Q1 どのような人が育児休業をすることができますか？

A

(1)「育児休業」とは、子を養育するための休業です。養育とは、同居し監護する（面倒をみる）ことです。

(2)育児休業をできるのは、原則として1歳に満たない子を養育する男女の従業員（労働者）です。

(3)日々雇い入れられる者は除かれます。

(4)配偶者が専業主婦（夫）や育児休業中である場合であっても、育児休業をすることができます。

(5)産後パパ育休（後述）とは別に育児休業を取得することができます。

Q2 対象となる「子」の範囲はどうなっていますか？

A

(1)労働者と法律上の親子関係がある「子」であれば、実子、養子を問わず、父親、母親のいずれでも育児休業をすることができます。

(2)次の関係にある子についても対象となります。
　①特別養子縁組のため試験的に養育している子※
　②養子縁組里親に委託されて養育している子
　③当該労働者を養子縁組里親として委託することが適当と認められるにもかかわらず、実親

等の反対により、当該労働者を養育里親として委託された子

(3)男性が事実婚の妻の子に対して育児休業をする場合には、申出時点において認知を行っていることが必要になります。

　※　特別養子縁組の成立の請求が裁判所に係属している場合に限る

2 有期雇用労働者

Q3 有期雇用労働者も育児休業をすることができますか？

A

(1)有期雇用労働者（期間を定めて雇用される者、有期契約労働者）は、申出時点において、子が

1歳6か月に達する日までに、労働契約（更新される場合には、更新後の契約）の期間が満了

することが明らかでない場合※、育児休業をすることができます。

(2)該当するかどうかは、申出があった時点で労働契約の期間満了や更新がないことが確実であるか否かによって判断されます。ただし、期間の定めのない者と同様に、労使協定で、同一の事業主に継続して雇用された期間が1年未満の労働者を対象外にすることは可能です。

(3)上記(1)の要件を満たさないケースは次のア、イのいずれかです。ただし、雇用の継続の見込みに関する言動、同様の地位にあるほかの労働者の状況、当該労働者の過去の契約の更新状況等の実態を見て判断する必要があります。

　ア）書面又は口頭で労働契約の更新回数の上限が明示されており、その上限まで契約が更新

された場合の労働契約の期間の末日が、子が1歳6か月に達する日までの間である（⇒例1）

　イ）書面又は口頭で労働契約の更新をしない旨が明示されており、申出時点で締結している労働契約の期間の末日が、子が1歳6か月に達する日までの間である（⇒例2）

(4)上記(1)に該当するか否かにかかわらず、労働契約の形式上期間を定めて雇用されている者であっても、当該契約が期間の定めのない契約と実質的に異ならない状態となっている場合には、育児休業の対象となります。

※　2歳までの育児休業の延長を申し出る場合には、「子が2歳に達する日までに、労働契約の期間が満了することが明らかでない場合」となります。

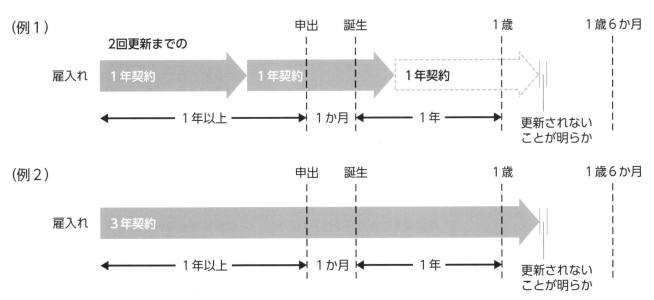

3 育児休業の対象とならない場合

Q4　事業主は育児休業の申出を拒むことができますか？

A

(1)事業主は、要件を満たした労働者の育児休業の申出を拒むことはできません。

(2)ただし、次のような労働者について、育児休業ができないとする労使協定があるときは、事業主は育児休業の申出を拒むことができます。

　①その事業主に継続して雇用された期間が1年に満たない労働者

　②その他育児休業をすることができない合理的

な理由（3.「Q1」参照）があると認められる労働者

(3)これらの規定は、労使協定を締結した場合に育児休業の対象から除外できる者の範囲の最大限度を示しています。したがって、より狭い範囲の者だけを除外することは可能ですが、逆により広い範囲の者を除外することはできません。

参考 育児休業における有期雇用労働者について

●有期雇用労働者（期間を定めて雇用される者、有期契約労働者）は、育児休業等に係る取扱いについて、ほかの労働者と以下の表のように異なります。

	労働者 （有期雇用労働者及び日々雇い入れられる者若しくは労使協定により除外される者を除く）	有期雇用労働者
・育児休業	原則取得できる。	申出時点において次の要件を満たせば取得できる。 ・子が1歳6か月（又は2歳）を経過する日までに労働契約期間が満了し、更新されないことが明らかでないこと （1.「Q3」参照）
・産後パパ育休	原則取得できる。	申出時点において次の要件を満たせば取得できる。 ・子の出生日又は予定日のいずれか遅い方から起算して8週間を経過する日の翌日から6か月を経過する日までに労働契約期間が満了し、更新されないことが明らかでないこと （5.「Q2」参照）
・育児休業の終了予定日前に労働契約の期間が満了する場合に、再度、育児休業の申出	－	現在締結されている労働契約期間の末日まで休業した後、労働契約の更新に伴って更新後の労働契約期間の初日を育児休業開始予定日とする申出をする場合は、再度の申出をすることができる。 その際、1か月前までに申出がなかった場合でも、事業主は開始日の指定をすることはできず、労働者は申出どおりの日から休業を開始できる。 （4.「Q8」参照）
・子の看護休暇 ・所定外労働の制限 ・時間外労働の制限 ・深夜業の制限 ・所定労働時間の短縮等の措置	原則取得できる（受けられる）。	原則取得できる（受けられる）。 育児休業や介護休業と異なり、適用について、別途の要件を課されていない。 （6.「Q4」、7.「Q2」「Q8」「Q13」、8.「Q4」参照）
・育児休業給付金	1歳（一定の場合は最長2歳）に満たない子を養育するために育児休業を取得する雇用保険の被保険者で、賃金支払基礎日数が11日以上ある完全月が12か月以上ある人が支給対象。	左の条件にくわえて、子が1歳6か月までの間にその労働契約（労働契約が更新される場合にあっては、更新後のもの）が満了することが明らかでないことが必要。 （(2)・2.「Q1」参照）
・出生時育児休業給付金	出生後8週間以内の子を養育するために出生時育児休業を取得する雇用保険の被保険者で、賃金支払基礎日数が11日以上ある完全月が12か月ある人が支給対象。	左の条件にくわえて、子の出生日（出産予定日前に子が出生した場合は出産予定日）から8週間を経過する日の翌日から6か月を経過する日までにその労働契約（労働契約が更新される場合にあっては、更新後のもの）が満了することが明らかでないことが必要。 （(2)・1.「Q1」参照）

2. 育児休業の申出

● 法律が定める育児休業は、労働者の事業主に対する申出を要件としています。

● 申出の回数は、特別の事情がない限り1人の子につき、1歳までの育児休業は2回です。

● 事業主は、育児休業申出がされたときは、休業の期間等を労働者に速やかに通知します。

1 育児休業の申出の概要

Q1 育児休業をするとき、労働者は手続が必要ですか？

A

(1)法律が定める育児休業は、労働者の事業主に対する申出を要件としています。

(2)申出は、一定の時期に一定の方法によって行います（「Q3」参照）。

(3)事業主は、育児休業の申出がなされたときは、開始予定日及び終了予定日等を労働者に速やかに通知しなければなりません。

(4)なお、育児休業は、あらかじめ制度が導入され、就業規則などに記載されるべきものです。

Q2 育児休業は何回申し出ることができますか？

A

(1)申出の回数は、特別の事情（「Q6」参照）がない限り1人の子につき、1歳までの育児休業は2回です。

(2)1歳6か月及び2歳までの育児休業は各1回です。

2 育児休業申出書の提出

Q3 労働者はどのような事項を申し出ることが必要ですか？

A

(1)育児休業の申出は、法令が定める次の事項を事業主に書面により申し出ることで行わなければなりません。事業主が適当と認める場合には、ファックス又は電子メール等[※1]によることも可能です。

①申出の年月日

②労働者の氏名

③申出に係る子の氏名、生年月日及び労働者との続柄等（出生前の場合は、出産予定者の氏名、出産予定日及び労働者との続柄）[※2]

④休業を開始しようとする日（育児休業開始予定日）及び休業を終了しようとする日（育児

休業終了予定日)

⑤申出に係る子以外に1歳未満の子を有する場合には、その子の氏名、生年月日及び労働者との続柄※2

⑥申出に係る子が養子である場合には、養子縁組の効力発生日

⑦1歳までの育児休業の場合は2回、1歳6か月又は2歳までの育児休業の場合は1回休業した後などに再度の申出を行う場合は、その申出が許される事情

⑧1歳までの育児休業をしている労働者が、1歳6か月まで又は2歳までの育児休業の申出を行う場合には、申出が許される事情

⑨配偶者が1歳までの育児休業をしている労働者が、1歳6か月まで又は2歳までの育児休業の申出を行う場合には、配偶者が育児休業をしていること及び申出が許される事情

⑩特別の事情(「Q6」参照)があり、休業を開始しようとする日の1週間前に育児休業開始日を指定する場合は、その申出が許される事実

⑪育児休業申出を撤回した後に、特別の事情があり、再度育児休業を申し出る場合は、その申出が許される事実

⑫パパ・ママ育休プラスの特例により1歳に達する日の翌日以後の育児休業をする場合には、労働者の育児休業の開始予定日が、配偶者がしている育児休業期間(産後パパ育休を含む)の初日以降である事実

⑬申出に係る子について、既に育児休業の申出をしている場合は、その期間

⑭申出に係る子について、育児休業申出を撤回したことがある場合は、その旨

(2)事業主は、社内の規定により、上記事項を盛り込んだ「(出生時)育児休業申出書」と申出方法を定めます。

※1　電子メール等による場合は、労働者及び事業主が送信する情報を出力することにより書面を作成できるものに限ります。また、電子メール等には、例えばイントラネット(企業内LAN)、Webメール(Gmail等)、SNS(LINE、Facebook等)を利用した申出が含まれます。

※2　③と⑤については、特別養子縁組の成立について家庭裁判所に請求した場合、養子縁組里親として委託された場合又は特別養子縁組の請求等の場合には、その事実を事業主に申し出なくてはなりません。

Q4　事業主は申出に対し、書類等を求めることができますか？

(1)事業主は、労働者に対して申出に係る子の出生等を証明することができる書類の提出を求めることができます。

(2)上記(1)の「証明することができる書類」として利用可能な書類の例は、それぞれの証明すべき事実に応じ以下のとおりです。

①妊娠の事実：医師が交付する診断書

②出生の事実：官公署が発行する出生届受理証明書

③出産予定日の事実：医師が交付する診断書

④養子縁組の事実：官公署が発行する養子縁組届受理証明書

⑤特別養子縁組の監護期間にあること：事件が係属している家庭裁判所等が発行する事件係属証明書

⑥養子縁組里親に委託されていること：委託措置決定通知書

⑦養育里親であること：児童相談所長が発行する証明書

(3)上記(1)の書類について、労働契約の更新に伴って申出をする場合には、再度の書類の提出を求めることはできません。

Q5　有期雇用労働者の労働契約更新時は再度の申出が必要ですか？

(1)有期雇用労働者が育児休業をする場合、現在の

労働契約期間の末日まで休業したあと、次回の

契約更新後の初日を育児休業開始予定日とする申出をする場合は、再度の申出をすることができます。

(2)有期雇用労働者が労働契約の更新に伴って申出をする場合に必要な事項は「Q3」の(1)の①②④のみです。

■育児休業申出書

社内様式1

（出生時）育児休業申出書

人事部長　殿

［申出日］令和 5 年 2 月 3 日
［申出者］所属 営業 2 課
　　　　　氏名 北出　枝美里

私は、育児・介護休業等に関する規則（第3条及び第7条）に基づき、下記のとおり（出生時）育児休業の申出をします。

記

1　休業に係る子の状況	(1) 氏名	北出　陽介
	(2) 生年月日	令和5年1月16日
	(3) 本人との続柄	長男
	(4) 養子の場合、縁組成立の年月日	年　　　月　　　日
	(5) (1)の子が、特別養子縁組の監護期間中の子・養子縁組里親に委託されている子・養育里親として委託された子の場合、その手続きが完了した年月日	年　　　月　　　日
2　1の子が生まれていない場合の出産予定者の状況	(1) 氏名 (2) 出産予定日 (3) 本人との続柄	
3　出生時育児休業		
3-1　休業の期間	年　　月　　日から　　年　　月　　日まで （職場復帰予定日　　　年　　月　　　日） ※出生時育児休業を2回に分割取得する場合は、1回目と2回目を一括で申し出ること 　　年　　月　　日から　　年　　月　　日まで （職場復帰予定日　　　年　　月　　　日）	
3-2　申出に係る状況	(1) 休業開始予定日の2週間前に申し出て	いる・いない→申出が遅れた理由〔　　　　　　　　　　　〕
	(2) 1の子について出生時育児休業をしたことが（休業予定含む）	ない・ある（　回）
	(3) 1の子について出生時育児休業の申出を撤回したことが	ない・ある（　回）
4　1歳までの育児休業（パパ・ママ育休プラスの場合は1歳2か月まで）		
4-1　休業の期間	令和5 年 3 月 14 日から 6 年 1 月 15 日まで （職場復帰予定日 令和6 年 1 月 16 日）	

		※1回目と2回目を一括で申し出る場合に記載（2回目を後日申し出ることも可能） 　　　　年　　月　　　日から　　年　　月　　　日まで （職場復帰予定日　　　　　年　　　月　　　日）	
4-2　申出に係る状況	(1) 休業開始予定日の1か月前に申し出て	いる・いない→申出が遅れた理由 〔　　　　　　　　　　　　　　　　〕	
	(2) 1の子について育児休業をしたことが（休業予定含む）	ない・ある（　回） →ある場合 休業期間：　　　年　　月　　　日から 　　　　　　　　　年　　月　　　日まで →2回ある場合、再度休業の理由 〔　　　　　　　　　　　　　　　　〕	
	(3) 1の子について育児休業の申出を撤回したことが	ない・ある（　回） →2回ある場合又は1回あるかつ上記（2）がある場合、再度申出の理由 〔　　　　　　　　　　　　　　　　〕	
	(4) 配偶者も育児休業をしており、規則第　条第　項に基づき1歳を超えて休業しようとする場合（パパ・ママ育休プラス）	配偶者の休業開始（予定）日 　　　年　　　月　　　日	
5　1歳を超える育児休業			
5-1　休業の期間		年　　月　　　日から　　年　　月　　　日まで （職場復帰予定日　　　　年　　月　　　日）	
5-2　申出に係る状況	(1) 休業開始予定日の2週間前に申し出て	いる・いない→申出が遅れた理由 〔　　　　　　　　　　　　　　　　〕	
	(2) 1の子について1歳を超える育児休業をしたことが（休業予定含む）	ない・ある→再度休業の理由 〔　　　　　　　　　　　　　　　〕 休業期間：　　　年　　月　　　日から 　　　　　　　　　年　　月　　　日まで	
	(3) 1の子について1歳を超える育児休業の申出を撤回したことが	ない・ある→再度申出の理由 〔　　　　　　　　　　　　　　　〕	
	(4) 休業が必要な理由		
	(5) 1歳を超えての育児休業の申出の場合で申出者が育児休業中でない場合	配偶者が休業　している・していない 配偶者の休業（予定）日 　　　年　　　月　　　日から 　　　年　　　月　　　日まで	

（注）上記3、4の休業は原則各2回まで、5の1歳6か月まで及び2歳までの休業は原則各1回です。
申出の撤回1回（一の休業期間）につき、1回休業したものとみなします。

＜提出先＞　　直接提出や郵送のほか、電子メールでの提出も可能です。
○○課　　　メールアドレス：□□□□＠□□

※申出書に提出先を記載することは義務ではありませんが、提出先及び事業主が電子メール、FAX、SNS等の提出を認める場合はその旨を記載するとわかりやすいでしょう。

■育児休業対象児出生届

社内様式3

〔（出生時）育児休業・育児のための所定外労働制限・育児のための
時間外労働制限・育児のための深夜業制限・育児短時間勤務〕対象児出生届

人事部長　殿

[申出日]　令和 5 年 4 月 7 日
[申出者] 所属　検査課
　　　　　氏名　斎藤　明貴子

　私は、令和 5 年 2 月 16 日に行った〔（出生時）育児休業の申出・所定外労働制限の請求・時間外労働制限の請求・深夜業制限の請求・育児短時間勤務の申出〕において出生していなかった〔（出生時）育児休業・所定外労働制限・時間外労働制限・深夜業制限・育児短時間勤務〕に係る子が出生しましたので、（育児・介護休業等に関する規則（第 3 条、第 7 条、第 16 条、第 17 条、第 18 条及び第 19 条）に基づき、下記のとおり届け出ます。

記

1　出生した子の氏名　　斎藤　健

2　出生の年月日　　　　令和5年4月3日

▌「休業」とは？

　休業は、労働契約があり、労働者から労務提供がされていない状態とされており、いわば休暇の連続となります。労働者に雇用継続の意思があることが重要です。

▌「申出」「申請」とは？

　申出は、何らかの権利を有する人が権利の確認のためにする行為で、内容が適正ならば必ず権利を行使できます。なお、申請の場合は相手方の承認がなければ権利を行使できません。

▌子が1歳になる日はいつ？

　法律上、年齢到達日は誕生日の前日の午後12時です。例えば、4月15日生まれの場合、1歳となる日は翌年の4月14日（午後12時）となります。この時刻までは1歳に満たないこととなります。同様に、10月14日午後12時に1歳6か月となります。

3　再度の育児休業の申出ができる特別の事情

Q6 ▷ 2回休業した後に再度の申出を行うことはできますか？

A

(1)1歳までの育児休業において、次のような「特別の事情」がある場合、2回休業した後に再度の申出を行うことができます。

　①産前・産後休業、産後パパ育休又は新たな育児休業の開始により育児休業期間が終了した場合で、産前・産後休業、産後パパ育休又は新たな育児休業の対象となった子が死亡したとき又は他人の養子になったこと等の理由により労働者と同居しなくなったとき（産後パパ育休又は新たな育児休業の対象となった子が特別養子縁組の請求等の場合にあたるときは、その特別養子縁組の申立が成立しなかった場合又は養子縁組が成立することなく里親委託が解除された場合（以下「特別養子縁組の不成立等の場合」）を含む）

　②介護休業の開始により育児休業期間が終了した場合で、介護休業の対象となった家族が死亡したとき又は対象家族との親族関係が消滅したとき（離婚、婚姻の取消、離縁等）

　③配偶者が死亡したとき

　④配偶者がけがや病気、又は障害により子の養育が困難な状態となったとき

　⑤婚姻の解消その他の事情により配偶者が子と同居しないこととなったとき

　⑥申出に係る子がけがや病気、又は障害※1により、2週間以上の期間にわたり世話を必要とする状態になったとき

　⑦保育所等における保育の利用を希望し、申込みを行っているが、当面その実施が行われないとき※2

(2)1歳6か月又は2歳までの育児休業において、次のような「特別の事情」がある場合、1回休業した後などに再度の申出を行うことができます。

　①産前・産後休業、産後パパ育休又は新たな育児休業の開始により育児休業期間が終了した場合で、産前・産後休業、産後パパ育休又は新たな育児休業の対象となった子が死亡したとき又は他人の養子になったこと等の理由により労働者と同居しなくなったとき（産後パパ育休又は新たな育児休業の対象となった子が特別養子縁組の請求等の場合にあたるときは、特別養子縁組の不成立等の場合を含む）

　②介護休業の開始により育児休業期間が終了した場合で、介護休業の対象となった対象家族が死亡したとき又は離婚、婚姻の取消、離縁等により対象家族と労働者との親族関係が消滅したとき

※1　けが又は病気にかかり、治った後障害が残った場合を含みます。なお、通常の生育過程において日常生活上必要な便宜を供与する必要がある場合は該当しません。

※2　当初入所を予定していた保育所等に入れない場合などが考えられます。なお「保育所等」とは、児童福祉法に規定する保育所、就学前の子どもに関する教育、保育等の総合的な提供の推進に関する法律に規定する認定こども園及び児童福祉法に規定する家庭的保育事業等をいいます。無認可保育施設は含みません。

▌パートタイマーは対象外？

　パートタイマー等の名称で働いていたり、1日の労働時間が通常より短い労働者であっても、期間の定めのない労働契約（又は要件を満たした有期労働契約）によって働いている場合は、法律にもとづく育児休業及び介護休業の対象となります。

▌「労使協定」とは？

　「労使協定」とは、事業所の労働者の過半数で組織する労働組合があるときはその労働組合、事業所の労働者の過半数で組織する労働組合がないときはその労働者の過半数を代表する者との書面による協定のことをいいます。

Q7 「パパ休暇」とはなんですか？

A

(1)パパ休暇とは、子の出生後8週間以内の期間内にされた最初の育児休業について、特別な事情がなくても再度の取得を可能としていた特例です。

(2)この特例は育児休業の分割と産後パパ育休が創設されたことにより、令和4年9月末で廃止されました。

4 事業主の対応

 Q8 申出を受けた事業主はどのような対応が必要ですか？

A

(1)事業主は、育児休業の申出がされたときは、法令で定める次の事項を労働者に速やかに[※1]通知しなければなりません。通知は、書面によるほか、労働者が希望する場合には、ファックス又は電子メール等によることも可能です[※2]。

①育児休業申出を受けた旨

②育児休業開始予定日（事業主が育児休業開始予定日として指定する場合は、当該事業主の指定する日）及び育児休業終了予定日

③育児休業申出を拒む場合[※3]には、その旨及びその理由

(2)事業主は、社内の規定により、法令が求める事項を盛り込んだ「（出生時）育児休業取扱通知書」を定めます。

(3)育児休業は、労働者が適正に申し出ることで、事業主の承諾等を要せずして休業できるものであり、この通知がされなかったとしても、適正に申出を行った労働者は育児休業ができます。

[※1] 「速やかに」とは、原則として労働者が育児休業申出をした時点からおおむね2週間以内をいいます。ただし、申出日から開始予定日までの期間が2週間に満たない場合は、育児休業開始予定日までに通知をすることが必要です。

[※2] 電子メール等（イントラネット（企業内LAN）、Webメール（Gmail等）、SNS（LINE、Facebook等））による場合は、労働者が記録を出力することにより書面を作成できるものに限ります。

[※3] 経営困難、事業繁忙等の理由で拒むことはできません。

 Q9 法律よりも労働者に有利な条件を設定することはできますか？

A

(1)育児休業に関し、育児・介護休業法に示されたものより労働者に有利な条件を設定することは、労働者の福祉の増進を目的とする法律の趣旨からも当然許されます。したがって、各事業所において法定を超える複数回の申出を可能とすること、育児休業の対象となる労働者の範囲をこの法律で示された範囲よりも広く定めることなどは自由です（例えば、3歳未満の子の養育期間を休業の対象とすることなど）。

(2)逆に、育児休業の対象となる労働者の範囲を法律で示された範囲より狭くすること、申出の手続についてこの法律の規定より厳しい条件を設けること、例えば、3か月前の申出を要件とすることや、承認されなければ休業できないこと等は許されず、このような定めをした就業規則の当該部分は無効と解されます。

■育児休業取扱通知書

社内様式2

〔（出生時）育児・介護〕休業取扱通知書

友野　聖加 殿

令和 5 年 3 月 14 日
会社名　飯田食品販売株式会社

　あなたから 令和 5 年 3 月 10 日に〔（出生時）育児・介護〕休業の 申出・期間変更の申出・申出の撤回 がありました。育児・介護休業等に関する規則（第3条、第4条、第5条、第7条、第8条、第9条、第11条、第12条及び第13条）に基づき、その取扱いを下記のとおり通知します（ただし、期間の変更の申出及び出生時育児休業中の就業日があった場合には下記の事項の若干の変更があり得ます。）。

記

1　休業の期間等	(1)適正な申出がされていましたので申出どおり 令和 5 年 4 月 28 日から 令和 6 年 3 月 1 日まで（出生時育児・育児・介護）休業してください。職場復帰予定日は、令和 6 年 3 月 2 日です。 (2)申し出た期日が遅かったので休業を開始する日を　　　年　　月　　日にしてください。 (3)あなたは以下の理由により休業の対象者でないので休業することはできません。 (4)あなたが　　　年　　月　　日にした休業申出は撤回されました。 (5)（介護休業の場合のみ）申出に係る対象家族について介護休業ができる日数は通算93日です。今回の措置により、介護休業ができる残りの回数及び日数は、（　　）回（　　）日になります。
2　休業期間中の取扱い等	(1) 休業期間中については給与を支払いません。 (2) 所属は　経理　課のままとします。 (3) ・（（出生時）育児休業のうち免除対象者）あなたの社会保険料は免除されます。 　　・（介護休業の場合等免除対象外）あなたの社会保険料本人負担分は、　　月現在で1月約　　円ですが、休業を開始することにより、　　月からは給与から天引きができなくなりますので、月ごとに会社から支払い請求書を送付します。指定された日までに下記へ振り込むか、　　に持参してください。 　振込先： (4) 税については市区町村より直接納税通知書が届きますので、それに従って支払ってください。 (5) 毎月の給与から天引きされる社内融資返済金がある場合には、支払い猶予の措置を受けることができますので、　人事課　に申し出てください。 (6) 職場復帰プログラムを受講できますので、希望の場合は　　人事　　課に申し出てください
3　休業後の労働条件	(1) 休業後のあなたの基本給は、　2 級 3 号 175,000 円です。 (2) 令和 5 年 7 月の賞与については算定対象期間に 12 日の出勤日がありますので、出勤日数により日割りで計算した額を支給します。 (3) 退職金の算定に当たっては、休業期間を勤務したものとみなして勤続年数を計算します。 (4) 復職後は原則として 経理 課で休業をする前と同じ職務についていただく予定ですが、休業終了1か月前までに正式に決定し通知します。 (5) あなたの今年度の有給休暇はあと 4 日ありますので、これから休業期間を除き 令和 6 年 3 月 31 日までの間に消化してください。 　　次年度の有給休暇は、今後 47 日以上欠勤がなければ、繰り越し分を除いて 18 日の有給休暇を請求できます。
4　その他	(1) お子さんを養育しなくなる、家族を介護しなくなる等あなたの休業に重大な変更をもたらす事由が発生したときは、なるべくその日に　　人事　　課あて電話連絡をしてください。この場合の休業終了後の出勤日については、事由発生後2週間以内の日を会社と話し合って決定していただきます。 (2) 休業期間中についても会社の福利厚生施設を利用することができます。

（注）上記のうち、1(1)から(4)までの事項は事業主の義務となっている部分、それ以外の事項は努力義務となっている部分です。

3. 事業主の義務

● 事業主は、経営困難や事業繁忙、その他いかなる理由であっても、適正な労働者の育児休業の申出を拒むことはできません。

● ただし、労使協定によって一定の範囲の労働者を対象外とすることができます。

1 申出に対する事業主の義務

Q1 事業主は、労働者の申出を拒むことはできますか？

A

(1)事業主は要件を満たした労働者の育児休業の申出を拒むことはできません。

(2)要件を満たした育児休業の申出により労働者の労務の提供義務は消滅し、事業の繁忙や経営上の理由等により事業主が労働者の休業を妨げることはできません。

(3)ただし、次のような労働者について育児休業ができないとする労使協定があるときは、事業主は育児休業の申出を拒むことができ、拒まれた労働者は育児休業をすることができません。

①その事業主に継続して雇用された期間が1年に満たない労働者

②育児休業ができないことについて合理的な理由があると認められる労働者

(4)「育児休業ができないとすることについて合理的な理由があると認められる労働者」とは次のいずれかの場合をいいます。

①育児休業申出の日から1年以内（1歳6か月まで及び2歳までの育児休業をする場合には、6か月以内）に雇用関係が終了することが明らかな労働者

②1週間の所定労働日数が2日以下の労働者

2 労使協定による制限

Q2 労使協定を結べば、育児休業をすることができない者の範囲を広げることはできますか？

A

(1)法律は、労使協定を締結した場合に育児休業の対象から除外できる者の範囲の最大限度を示しています。したがって、より狭い範囲の者を除外することは可能ですが、逆により広い範囲の者を除外することはできません。

(2)例えば、男性はすべて育児休業の対象から除外する旨の労使協定を締結することはできません。

(3)配偶者が専業主婦（夫）や育児休業中である場合であっても、労使協定の有無にかかわらず、育児休業をすることができます。

4. 育児休業の期間

- 育児休業の期間は、原則として子が出生した日から子が1歳に達する日（誕生日の前日）までの間で労働者が申し出た期間です。

- 労働者は、一定の場合に限り、1歳までの育児休業1回につき1回に限り育児休業を開始する日を繰上げ変更することができます。

- 労働者は育児休業の開始の前日までに申し出ることにより、育児休業の申出を撤回できます。

1 休業期間

Q1 育児休業ができる期間は何日ですか？

A

(1)育児休業をすることができるのは、原則として子が出生した日から子が1歳に達する日（誕生日の前日）までの間で労働者が申し出た期間です。

(2)育児休業に係る子を出産した女性労働者は、労働基準法の規定により産後8週間の休業（産後休業）が認められているので、育児休業はその終了後から取得が可能となります。したがって、子が出生した日（出産予定日）から育児休業をすることができるのは主に男性労働者ということになります。

(3)子が1歳6か月又は2歳までの育児休業は、要件に該当する場合のみすることができます。

Q2 どのような場合に1歳6か月までの育児休業ができますか？

A

(1)子が1歳に達する時点で、次のいずれにも該当する場合には、子が1歳に達する日の翌日から子が1歳6か月に達する日までの期間について、事業主に申し出ることにより、育児休業をすることができます。

①育児休業に係る子が1歳に達する日において、労働者本人又は配偶者が育児休業をしている場合

②保育所に入所できない等、1歳を超えても休業が特に必要と認められる場合

③1歳6か月までの育児休業をしたことがない場合

(2)ただし、新たな産前・産後休業、産後パパ育休、育児休業又は介護休業が始まったことにより1歳又は1歳6か月までの育児休業が終了し、終了事由の休業に係る子又は対象家族が死亡等して当該休業が終了した場合は、上記に関わらず1歳6か月に達する日まで休業することができます。

(3)原則として、本人又は配偶者の育児休業開始予定日は、子が1歳に達する日の翌日（1歳の誕生日）となります。配偶者が1歳6か月までの育児休業をしている場合は、配偶者の育児休業終了予定日の翌日以前（子が1歳に達する日の

翌日も可能）を育児休業開始予定日とすることができます※。

※ 産前・産後休業等の開始により育児休業等が終了し、終了事由の休業に係る子又は対象家族が死亡等してその休業が終了した場合は、この限りではありません。

Q3 どのような場合に2歳までの育児休業ができますか？

A

(1)子が1歳6か月に達する時点で、次のいずれにも該当する場合には、子が1歳6か月に達する日の翌日から子が2歳に達する日までの期間について、事業主に申し出ることにより、育児休業をすることができます。

①育児休業に係る子が1歳6か月に達する日において、労働者本人又は配偶者が育児休業をしている場合

②保育所に入所できない等、1歳6か月を超えても休業が特に必要と認められる場合

③2歳までの育児休業をしたことがない場合

(2)ただし、新たな産前・産後休業、産後パパ育休、育児休業が始まったことにより1歳、1歳6か月又は2歳までの育児休業が終了し、終了事由の休業に係る子が死亡等して当該休業が終了した場合又は介護休業が始まったことにより、1歳6か月又は2歳までの育児休業が終了し、当該介護休業に係る対象家族が死亡等して当該介護休業が終了した場合は、上記に関わらず2歳に達する日まで休業することができます。

(3)原則として、本人又は配偶者の育児休業開始予定日は、子が1歳6か月に達する日の翌日となります。配偶者が2歳までの育児休業をしている場合は、配偶者の育児休業終了予定日の翌日以前（子が1歳6か月に達する日の翌日も可能）を育児休業開始予定日とすることができます※。

※ 産前・産後休業等の開始により育児休業等が終了し、終了事由の休業に係る子又は対象家族が死亡等してその休業が終了した場合は、この限りではありません。

Q4 子が1歳になった後も育児休業ができるのはどのような事情がある場合ですか？

A

(1)子が1歳（又は1歳6か月）以降の期間について休業することが雇用の継続のために特に必要と認められる場合には、子が1歳6か月（又は2歳）に達する日までを限度として、事業主に申し出ることにより、育児休業ができます。

(2)雇用の継続のために特に必要と認められる場合とは、次のいずれかに該当する場合をいいます。

①保育所等※1における保育の利用を希望し、申込みを行っているが、1歳（又は1歳6か月）に達する日後の期間について、当面その実施が行われない場合※2

②常態として子の養育を行っている配偶者（育児休業に係る子のもう一人の親である者）であって1歳（又は1歳6か月）に達する日後の期間について常態として子の養育を行う予定であった者が死亡、負傷・疾病等、離婚等により子を養育することができなくなった場合

③産前・産後休業、産後パパ育休又は新たな育児休業の開始により育児休業期間が終了した場合で、産前・産後休業、産後パパ育休又は新たな育児休業の対象となった子が死亡したとき又は他人の養子になったこと等の理由により労働者と同居しなくなったとき※3※4

④介護休業の開始により育児休業期間が終了し

た場合で、介護休業の対象となった対象家族が死亡したとき又は離婚、婚姻の取消、離縁等により対象家族と労働者との親族関係が消滅したとき[4]

(3)1歳以降の育児休業開始日は柔軟化されており、配偶者が1歳6か月（又は2歳）までの育児休業をしている場合は、本人の育児休業開始日を配偶者の育児休業終了予定日の翌日以前の日とすることができ、1歳（又は1歳6か月）から1歳6か月（又は2歳）までの間で両親が交替して育児休業することもできます。両親同時に取得すること、一部期間を重複して取得することも可能です。

> ※1　保育所等とは、児童福祉法に規定する保育所、就学前の子どもに関する教育、保育等の総合的な提供の推進

に関する法律に規定する認定こども園及び児童福祉法に規定する家庭的保育事業等をいいます。なお、認可外保育施設は含みません。
> ※2　市町村に対して保育の申し込みをしているが、市町村から、少なくとも子が1歳（又は1歳6か月）に達する日の翌日において保育が行われない旨の通知（例えば市町村が発行する保育所の入所不承諾の通知書など）がなされている場合をいいます。
> ※3　産後パパ育休又は新たな育児休業の対象となった子が特別養子縁組の請求等の場合にあたるときは、特別養子縁組の不成立等の場合も「特別の事情」にあたります。
> ※4　上記(2)③又は④のように産前・産後休業等の開始により育児休業等が終了した場合で産前・産後休業等の対象となった子等が死亡等した場合は、「子が1歳（又は1歳6か月）に達する日において、労働者本人又は配偶者が育児休業をしていること」、「1歳6か月（又は2歳）までの育児休業をしたことがないこと」の要件は課されないため、例えば、第1子の育児休業が第2子死産の産後休業開始により終了し、第1子が1歳に達する日は第2子の産後休業中という場合でも、第2子の産後休業の後に第1子の1歳6か月まで育児休業を取得することができます。

Q5 有期雇用労働者の場合、子が1歳になった後の育児休業をすることができますか？

A

(1)有期雇用労働者について、子が1歳に達する日において育児休業をしている労働者本人が、引き続き育児休業をしようとする場合は次の通りです。

①1歳6か月までの育児休業については、申出時点において改めて育児休業の対象となる労働者の要件を満たすか否かは問われません。「Q2」の要件に該当すれば取得できます。

②2歳までの育児休業については、申出時点において子が2歳に達する日までに労働契約（更新される場合には、更新後の契約）の期間が満了することが明らかでない場合のみ、「Q3」の要件に該当すれば取得できます。

(2)有期雇用労働者が、育児休業を取得している配偶者と交替で、子が1歳に達する日の翌日から子が1歳6か月に達する日までの期間の育児休業や、子が1歳6か月に達する日の翌日から子が2歳に達する日までの期間の育児休業を取得することも可能です。また「Q4」(3)のとおり期間の途中での交替等も可能です。

2 両親ともに育児休業をする場合（パパ・ママ育休プラス）の特例

Q6 両親ともに育児休業をする場合（パパ・ママ育休プラス）の特例とはどのようなものですか？

A

(1)両親ともに育児休業する場合で、次のいずれにも該当する場合には、育児休業の対象となる子

の年齢が、原則1歳に満たない子から原則1歳2か月に満たない子に延長されます。

①育児休業を取得しようとする労働者（以下「本人」）の配偶者[※1]が、子の1歳に達する日（1歳の誕生日の前日）以前のいずれかの日において育児休業[※2]をしていること

②本人の育児休業開始予定日が、子の1歳の誕生日以前であること

③本人の育児休業開始予定日が、配偶者がしている育児休業[※2]の初日以降であること

(2)育児休業[※2]が取得できる期間（出産した女性の場合は、出生日以後の産前・産後休業期間を含む）は1年間です。

(3)「配偶者が、子の1歳に達する日以前のいずれかの日において育児休業をしている場合」には、育児・介護休業法の規定にもとづく育児休業[※2]のみならず、公務員が国家公務員の育児休業等に関する法律等の規定にもとづき取得する育児休業をしている場合を含みます。

(4)育児休業が取得できる期間については、具体的には、「育児休業等取得日数」（①）が「育児休業等可能日数」（②）を超えた場合、その日において育児休業が終了することとされています。

①「育児休業等取得日数」とは、「出生日以後の産前・産後休業期間の日数」＋「育児休業を取得した日数」＋「産後パパ育休を取得した日数」をいいます。

②「育児休業等可能日数」とは、子が1歳に達する日までの日数をいいます。すなわち、うるう日を含まない場合は365日、うるう日を含む場合は366日となります。

※1 「配偶者」には、法律上の配偶者のみならず、事実上婚姻関係と同様の事情にある者を含みます。
※2 産後パパ育休を含みます。

■パパ・ママ育休プラスの具体例

子の出生日‥‥‥‥‥‥‥‥‥‥10月10日	
子が1歳に達する日‥‥‥‥‥‥10月9日	
（1歳到達日）	（通常の休業取得可能期間）
子が1歳に達する日の翌日‥‥‥10月10日	
子が1歳2か月に達する日‥‥‥12月9日	

パパ・ママ育休プラス

（例1）

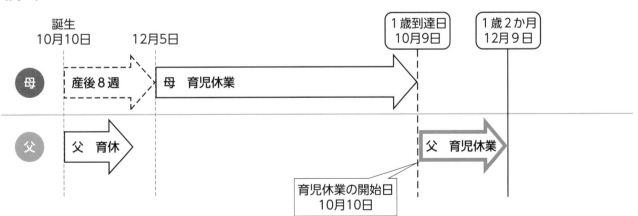

（例２）

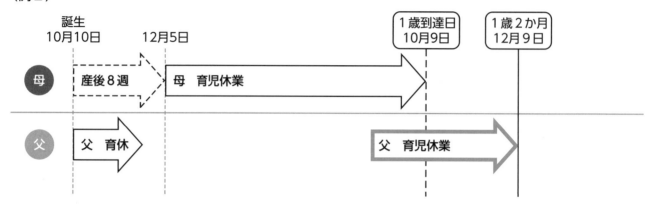

※両親の育児休業期間が重複することも可能です。

（例３）

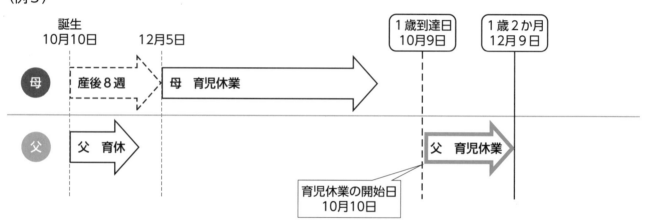

※両親の育児休業期間が連続している必要はありません。

（例４）

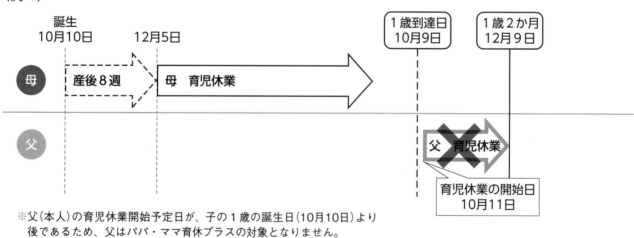

※父（本人）の育児休業開始予定日が、子の１歳の誕生日（10月10日）より
　後であるため、父はパパ・ママ育休プラスの対象となりません。

（例5）

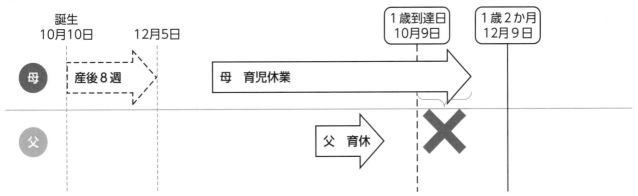

※母（本人）の育児休業開始予定日が、父（配偶者）より先であるため、母はパパ・ママ育休プラスの対象とはならず、
　育児休業が取得できる期間は1歳到達日（10月9日）までです。

（例6）

※母（本人）の育児休業開始予定日が父（配偶者）の1度目の育児休業開始日より後であるため、母はパパ・ママ育休プラスの
　対象となります。また、父（本人）が2度目の育児休業をする場合、2度目の育児休業の開始予定日より先に、母（配偶者）
　が育児休業を開始しているため、父（本人）の2度目の育児休業はパパ・ママ育休プラスの対象になります。

■パパ・ママ育休プラスの場合に、1歳6か月までの育児休業を取得する場合の具体例

（例1）

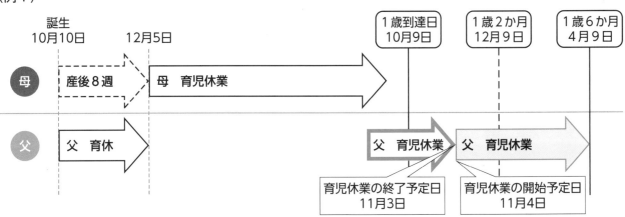

（例２）

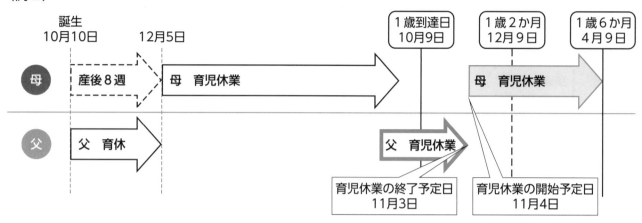

（例３）

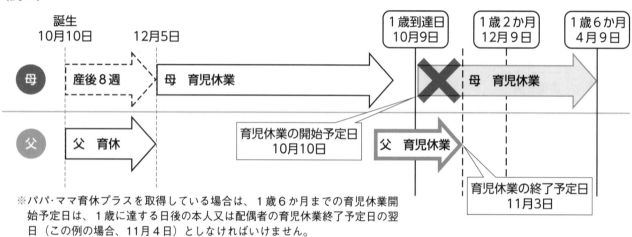

※パパ・ママ育休プラスを取得している場合は、１歳６か月までの育児休業開
始予定日は、１歳に達する日後の本人又は配偶者の育児休業終了予定日の翌
日（この例の場合、11月４日）としなければいけません。

（例４）

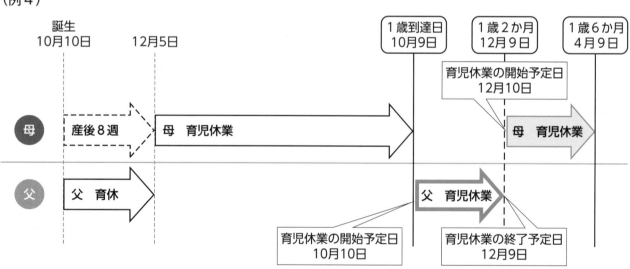

3 申出の期限

Q7 希望どおりの日から育児休業をするためには、いつまでに申し出ることが必要ですか？

A

(1)子が1歳に達するまでの育児休業については、労働者は、希望どおりの日から休業するためには、原則として育児休業を開始する日の1か月前までに申し出ることが必要です。

(2)1歳以降の育児休業について、1歳（又は1歳6か月）到達日（パパ・ママ育休プラスの場合は終了予定日）【以前に】申出する場合は、育児休業開始予定日の2週間前までに申し出れば、労働者の希望どおりの日から休業すること

ができます。

(3)1歳（又は1歳6か月）到達日（パパ・ママ育休プラスの場合は終了予定日）【より後に】申出する場合は、育児休業開始予定日の1か月前までに申し出れば労働者の希望どおりの日から休業することができます。

(4)上記(1)～(3)の期限より遅れた場合、事業主は一定の範囲で休業を開始する日を指定することができます。

Q8 申出が遅れた場合に、事業主が指定できる休業開始日の期間はどうなっていますか？

A

(1)労働者の申出が、休業を開始しようとする日の1か月前の日より遅れた場合、事業主は、労働者が休業を開始しようとする日以後、申出の日の翌日から起算して1か月を経過する日（申出の日の属する月の翌月の応当日、例えば、申出の日が4月1日であれば5月1日）までの間で休業を開始する日を指定することができます（⇒例1）。

(2)次の特別の事情がある場合は、休業を開始しようとする日の1週間前の日までに申し出ることが必要です。申出がこれより遅れた場合、事業主は、労働者が休業を開始しようとする日以後、申出の日の翌日から起算して1週間を経過する日（申出の日の属する週の翌週の応当日）までの間で休業を開始する日を指定することができます（⇒例2）。

①出産予定日より早く子が出生したとき
②配偶者が死亡したとき
③配偶者が病気又はけが等により子を養育することが困難になったとき

④配偶者が子と同居しないこととなったとき
⑤子がけがや病気、又は障害[※1]により2週間以上の期間にわたり世話を必要とする状態になったとき
⑥保育所等における保育の利用を希望し、申込みを行っているが、当面その実施が行われないとき[※2]

(3)1歳以降の育児休業については以下の通りです。

①1歳（又は1歳6か月）到達日（パパ・ママ育休プラスの場合は終了予定日）以前に申出があった場合で、育児休業開始予定日が2週間を切っている場合は、事業主は労働者が申し出た育児休業開始予定日から2週間経過日までの間のいずれかの日を育児休業開始予定日として指定することができます。

②1歳（又は1歳6か月）到達日（パパ・ママ育休プラスの場合は終了予定日）より後に申出があった場合で、育児休業開始予定日が1か月を切っている場合は、事業主は労働者が申し出た育児休業開始予定日から1か月経過

日までの間のいずれかの日を育児休業開始予定日として指定することができます。

【1歳6か月までの育児休業の申出期限】

・1歳の誕生日[※3]から2週間の間で休業を開始したい場合➡2週間前

・1歳2週間から1歳1か月到達日までに休業を開始したい場合➡1歳の誕生日前日

・1歳1か月到達日後に休業を開始したい場合➡1か月前

【2歳までの育児休業の申出期限】

・1歳6か月到達日の翌日から2週間の間で休業を開始したい場合➡2週間前

・1歳6か月2週間から1歳7か月到達日までに休業を開始したい場合➡1歳6か月到達日

・1歳7か月到達日後に休業を開始したい場合➡1か月前

(4)有期雇用労働者の育児休業の場合で、一の労働契約期間の末日まで休業した後、次の契約更新後の労働契約期間の初日を育児休業開始予定日とする申出をする場合には、1か月までに申出がなかった場合でも、事業主は開始日の指定をすることはできず、労働者は申出どおりの日から休業を開始できます。

※1　けが又は病気にかかり、治った後障害が残った場合を含みます。なお、通常の生育過程において日常生活上必要な便宜を供与する必要がある場合は該当しません。

※2　当初入所を予定していた保育所等に入れない場合などが考えられます。「保育所等」とは、児童福祉法に規定する保育所、就学前の子どもに関する教育、保育等の総合的な提供の推進に関する法律に規定する認定こども園及び児童福祉法に規定する家庭的保育事業等をいいます。なお、無認可保育施設は含みません。

※3　パパ・ママ育休プラスの場合は、「1歳の誕生日」は「パパ・ママ育休プラス終了予定日」と読み替える等、パパ・ママ育休プラス分後ろ倒しになります。

■事業主が指定できる期間

（例1）

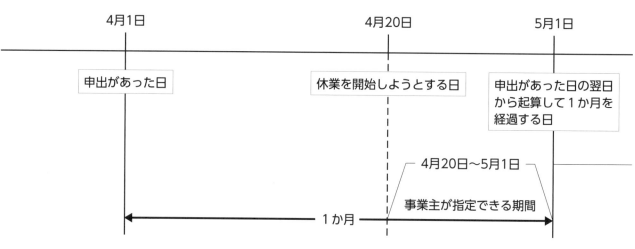

（例2）

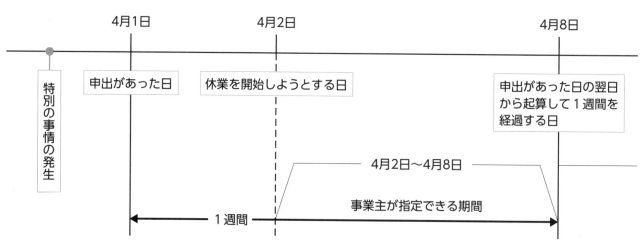

Q9 事業主は、育児休業を開始する日を指定する場合はいつまでに通知しなくてはいけませんか？

A

(1)事業主が育児休業を開始する日を指定する場合は、原則として、申出があった日の翌日から起算して3日を経過する日まで（例えば、4月1日に申出があった場合は4月4日まで）に指定する日を労働者に通知することによって行わな

ければなりません。

(2)申出があった日と労働者が休業を開始しようとする日との間が短いことにより上記の指定では間に合わないときは、労働者が休業を開始しようとする日までに指定しなければなりません。

Q10 事業主が、育児休業を開始する日を指定しない場合はどうなりますか？

A

(1)事業主が育児休業開始予定日とする日の指定をすることができる制度は、労働者の申出のみで労務提供義務が消滅する原則の例外です。事業主がこのような指定をすることができる場合には、事業主が指定をした日から当該労働者の労務提供義務が消滅し、当該指定した日から育児

休業をすることができます。

(2)定められた期間内に事業主の指定が行われなかった場合には、労働者は育児休業申出に係る育児休業開始予定日から育児休業をすることができます。

4 労働者による育児休業開始予定日の繰上げ又は終了予定日の繰下げ

Q11 育児休業期間の変更の申出をして、延長することはできますか？

A

(1)労働者は、一定の場合に1歳までの育児休業1回につき1回に限り育児休業を開始する日を繰上げ変更することができます。

(2)また、労働者は、一定の時期までに申し出ることにより、事由を問わず、1歳までの育児休業1回につき1回に限り育児休業を終了する日を繰下げ変更し、育児休業の期間を延長することができます。

(3)繰下げ変更は、1歳までの育児休業1回につき1回、1歳から1歳6か月までの休業について1回、1歳6か月から2歳までの休業について1回することができます。

(4)変更の申出には、下記の事項を記載した書面の

提出が必要です。事業主が適当と認める場合には、ファックス又は電子メール等※によることも可能です。

①変更の申出の年月日

②変更の申出をする労働者の氏名

③変更後休業を開始又は終了しようとする日

④変更の申出の事由（育児休業を開始する日の繰上げ変更の場合のみ）

※ 電子メール等による場合は、労働者及び事業主が送信する情報を出力することにより書面を作成できるものに限ります。また、電子メール等には、例えばイントラネット（企業内LAN）、Webメール（Gmail等）、SNS（LINE、Facebook等）を利用した申出が含まれます。

■育児休業期間変更申出書

社内様式5

〔（出生時）育児・介護〕休業期間変更申出書

社長　殿

[申出日]　令和 5 年　2 月 10 日
[申出者] 所属　購買部
　　　　　氏名　山田　君香

　私は、育児・介護休業等に関する規則（第5条、第9条及び第13条）に基づき、令和 4 年 2 月 2 日に行った〔（出生時）育児・介護〕休業の申出における休業期間を下記のとおり変更します。

記

1　当初の申出における休業期間	令和 4 年 5 月 24 日から 令和 5 年 3 月 27 日まで
2　当初の申出に対する会社の対応	休業開始予定日の指定 ・　有　→　指定後の休業開始予定日 　　　　　　　　年　　月　　日 ・　(無)
3　変更の内容	(1) 休業〔開始・(終了)〕予定日の変更 (2) 変更後の休業〔開始・(終了)〕予定日 令和 5 年 9 月 27 日
4　変更の理由 　（休業開始予定日の変更の場合のみ）	

（注）1歳6か月まで及び2歳までの育児休業及び介護休業に関しては休業開始予定日の変更はできません。

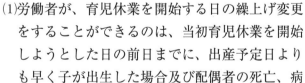

繰上げや繰下げの変更の申出はどのように行いますか？

A

(1)労働者が、育児休業を開始する日の繰上げ変更をすることができるのは、当初育児休業を開始しようとした日の前日までに、出産予定日よりも早く子が出生した場合及び配偶者の死亡、病気、けが等特別の事情がある場合です。

(2)労働者の希望どおりの日に繰上げ変更するには、変更後休業を開始しようとする日の1週間前までに変更の申出をする必要があります。

(3)申出がこれより遅れた場合、事業主は、労働者が変更後休業を開始しようとする日以後変更の申出の日の翌日から起算して1週間を経過する日（変更の申出の日の属する週の翌週の応当日）までの間で休業を開始する日を指定することができます（⇒例）。

(4)育児休業を開始する日の繰上げ変更の申出に対して、事業主が休業を開始する日を指定する場合には、原則として、変更の申出があった日の翌日から起算して3日を経過する日までに、指定する日を労働者に通知することにより行わなければなりません。

(5)なお、変更の申出があった日と変更後休業を開始しようとする日との間が短いことにより上記の指定では間に合わないときは、変更後休業を開始しようとする日までに指定します。

（例）５月１日の開始予定日について、４月10日に変更するよう、４月９日に申し出た場合

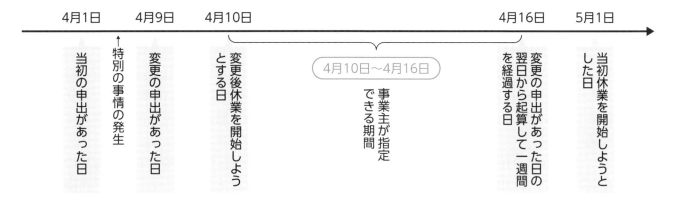

Q13 終了日の繰下げ変更はいつまでに申出を行いますか？

A

(1)労働者が、１歳に達するまでの育児休業を終了する日の繰下げ変更をする場合は、当初育児休業を終了しようとしていた日の１か月前までに変更の申出をしなければなりません。

(2)これとは別に、１歳６か月（又は２歳）までの育児休業を終了する日については、終了しようとしていた日の２週間前までに変更の申出を行い、終了予定日の繰下げ変更をすることができます。

5 期間の終了・申出の撤回等

Q14 育児休業はいつ終了しますか？

A

(1)育児休業の期間は、労働者の意思にかかわらず次の場合に終了します。
　①子を養育しないこととなった場合
　②子が１歳に達した場合（１歳６か月まで及び２歳までの育児休業の場合は、子が当該年齢に達した場合）
　③育児休業をしている労働者について産前・産後休業、産後パパ育休、介護休業又は新たな育児休業が始まった場合
(2)育児休業の開始前に子を養育しないこととなった場合には、育児休業の申出はされなかったことになります。
(3)「子を養育しないこととなった場合※」とは、具体的に次の場合をいいます。

　①子の死亡
　②子が養子の場合の離縁や養子縁組の取消
　③子が他人の養子となったこと等による同居の解消
　④特別養子縁組の不成立等の場合
　⑤労働者のけが、病気等により子が１歳に達するまでの間（１歳６か月まで及び２歳までの育児休業の場合は、子が当該年齢に達するまでの間）子を養育できない状態となったこと
　⑥パパ・ママ育休プラスの特例により１歳到達日の翌日以降育児休業をする場合で、労働者の配偶者が育児休業をしていないこと

※　子を養育しないこととなった場合は、労働者はその旨を事業主に通知しなければなりません。

Q15　労働者は育児休業の申出をした後に、その申出を撤回できますか？

A

(1)育児休業の開始の前日までであれば、労働者は育児休業の申出を撤回することができます（様式例⇒図）。

(2)ただし、その申出の対象となった子については、特別の事情がない限り、再び育児休業の申出をすることができません。

(3)労働者が育児休業の申出の撤回後再び育児休業の申出をすることができる特別の事情があると認められる場合は、次の場合です。

①配偶者の死亡

②配偶者がけが、病気等により子の養育が困難な状態となったこと

③離婚等により配偶者が子と同居しないこととなったこと

④子がけがや病気、又は障害※1により、2週間以上の期間にわたり世話を必要とする状態になったとき

⑤子について、保育所等における保育の利用を希望し、申込みを行っているが、当面その実施が行われないとき※2

※1　けが又は病気にかかり、治った後障害が残った場合を含みます。なお、乳幼児の通常の生育過程において日常生活上必要な便宜を供与する必要がある場合は該当しません。

※2　当初入所を予定していた保育所等に入れない場合などが考えられます。なお「保育所等」とは、児童福祉法に規定する保育所、就学前の子どもに関する教育、保育等の総合的な提供の推進に関する法律に規定する認定こども園及び児童福祉法に規定する家庭的保育事業等をいいます。無認可保育施設は含みません。

■育児休業申出撤回届

社内様式4

〔（出生時）育児・介護〕休業申出撤回届

総務部長　殿

［申出日］令和5年 6月 2日
［申出者］所属　営業課
　　　　　氏名　原田　薫

　　　私は、育児・介護休業等に関する規則（第4条、第8条及び第12条）に基づき、令和5年 3月 1日に行った〔（出生時）育児・介護〕休業の申出を撤回します。

※同日に複数期間申出している場合は、撤回する休業期間を記載すること。

Q16 育児休業期間中の労働者が、一時的に就労することは可能ですか？

A

(1)育児休業をしている労働者が、一時的に子の養育をする必要がなくなる場合が生じ得ますが、それをもって育児休業の終了とすることは、労働者にとって酷となるだけでなく、事業主にとっても要員管理が不安定なものとなるため、「当然終了事由」とはされていません。

(2)しかしながら、話し合いにより、当該育児休業期間中[※1]の労働者が、当該子の養育をする必要がない期間について、一時的・臨時的にその事業主の下で就労することは妨げられていません[※2]。

(3)その場合、当該労使で育児休業を終了させる特段の合意のない限り、育児休業が終了するものではなく、子が1歳[※3]に満たない期間中は、中断していた育児休業を再開することができます。

(4)また、育児休業期間中、ほかの事業主の下で就労することについては、法律上育児休業の終了事由として規定されていませんが、育児休業とは子を養育するためにする休業であるとしている法律の趣旨にそぐわないものであると同時に、一般的に信義則に反するものと考えられます。したがって、事業主の許可を得ずに育児休業期間中、ほかの事業主の下で就労したことを理由として事業主が労働者を問責することは、許され得るものと解されます。

※1 産後パパ育休期間中は、①労使協定を締結し、②労働者と事業主が個別合意を行い、③事前に調整した上で休業中に就業することが可能とする仕組みが設けられています。
※2 育児・介護休業法施行通達（平成28年8月2日職発0802第1号・雇児発0802第3号）。なお、この解釈は介護休業においても同様です。
※3 1歳6か月までの育児休業をしている場合にあっては1歳6か月、2歳までの育児休業をしている場合にあっては2歳。

時期変更については労使であらかじめ話し合いを

法律では、育児休業を開始する日の繰下げ変更や育児休業を終了する日の繰上げ変更のような休業期間の変更は、労働者の申出だけでは当然にはできません。このような場合は、短縮等を希望する労働者と事業主とで、よく話し合ってどうするかを決めることになります。労働者が希望した場合には休業期間を変更できる旨の取決めやその手続等をあらかじめ就業規則等で明記しておくことが望ましいと考えられます。

5. 産後パパ育休

- 産後パパ育休（出生時育児休業）により、育児休業とは別に4週間の休業をすることができます（令和4年10月から）。

- 出生後8週間以内の子を養育する産後休業をしていない労働者が対象です。

1 対象となる労働者・申出事項

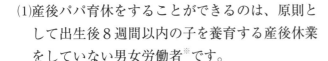

Q1 産後パパ育休とはなんですか？

A

(1)産後パパ育休（法律上の名称「出生時育児休業」）は、子の出生後8週を対象期間とし、合計4週間（28日）※の休業を取得可能とする仕組みです。また、分割して2回取得可能です。

(2)男性の休業の取得をより進めるため、男性の取得ニーズの高い「子の出生直後の時期」について、従来の育児休業よりも休業を取得しやすくした制度です。

(3)産後パパ育休は、あらかじめ制度が導入され、

就業規則などに記載されるべきものです。

(4)産後パパ育休の申出は、それにより一定期間労働者の労務提供義務を消滅させる効果のある意思表示です。

※ 産後パパ育休の取得可能日数の「4週間」については、各企業における既存の育児目的のための休暇（法定の休暇を除く）が、産後パパ育休の取得日数以外の要件を満たすものであれば、当該休暇の日数も含めて4週間が確保されればよいと解されます。

Q2 産後パパ育休の対象者はだれですか？

A

(1)産後パパ育休をすることができるのは、原則として出生後8週間以内の子を養育する産後休業をしていない男女労働者※です。

(2)育児休業とは別に取得することができます。

(3)有期雇用労働者は、申出時点において、子の出生日又は出産予定日のいずれか遅い方から起算して8週間を経過する日の翌日から6か月を経過する日までに労働契約期間が満了し、更新されないことが明らかでない場合は産後パパ育休

をすることができます。

(4)日々雇い入れられる者は除かれます。労使協定で定められた一定の労働者（「Q4」参照）も産後パパ育休をすることはできません。

※ 子を出生した女性労働者は、産後8週間の産後休業期間中には産後パパ育休を取得できません。そのため、対象者は主に男性になりますが、例えば養子縁組をした場合など、法律の要件を満たす場合には、女性であっても当然に対象となります。

Q3 労働者はどのような事項を申し出ることが必要ですか？

A

(1)産後パパ育休は、1人の子につき2回分割でき、申し出ることのできる休業は連続したひとまとまりの期間の休業です。

(2)2回分割する場合もまとめて申し出ることとしており、まとめて申し出なかった場合は、事業主は後の申出を拒むことができます。

(3)対象の子について、産後パパ育休を2回取得している場合又は取得した日数が28日に達している場合は、その子の産後パパ育休をすることはできません。

(4)事業主は、産後パパ育休の申出がなされたときは、産後パパ育休開始予定日及び産後パパ育休終了予定日等を労働者に速やかに通知しなければなりません。

(5)産後パパ育休の申出は、次に掲げる事項を事業主に書面により申し出ることによって行わなければなりません。事業主が適当と認める場合には、ファックス又は電子メール等※1によることも可能です。

①申出の年月日

②労働者の氏名

③申出に係る子の氏名、生年月日及び労働者との続柄等（子が出生していない場合は、出産予定者の氏名、出産予定日及び労働者との続柄）※2

④休業を開始しようとする日及び休業を終了しようとする日

⑤申出に係る子以外に出生の日から起算して8週間を経過しない子を有する場合には、その子の氏名、生年月日及び労働者との続柄

⑥申出に係る子が養子である場合には、養子縁組の効力発生日

⑦特別の事情があり、休業を開始しようとする日の1週間前に産後パパ育休開始日を指定する場合は、その申出が許される事実

※1　電子メール等による場合は、労働者及び事業主が送信する情報を出力することにより書面を作成できるものに限ります。電子メール等には、例えば、イントラネット（企業内LAN）、WEBメール（Gmail等）、SNS（LINE、Facebook等）を利用した申出が含まれます。

※2　③と⑤については、特別養子縁組の請求等の場合には、その事実を事業主に申し出なくてはなりません。

Q4 申出をうけた事業主はどのような対応が必要ですか？

A

(1)事業主は、要件を満たした労働者の産後パパ育休の申出を拒むことはできません。

(2)ただし、次のような労働者について産後パパ育休をすることができないこととする労使協定があるときは、事業主は産後パパ育休の申出を拒むことができ、拒まれた労働者は産後パパ育休をすることができません。

①その事業主に継続して雇用された期間が1年に満たない労働者

②その他育児休業をすることができないとすることについて合理的な理由※があると認められる労働者

(3)分割して休業する場合に2回分まとめて申し出なかった場合は、事業主は後の申出を拒むことができます。

※　次のいずれかの場合をいいます；①産後パパ育休申出日から8週間以内に雇用関係が終了することが明らかな労働者、②1週間の所定労働日数が2日以下の労働者。

■出生時育児休業申出書

社内様式1

（出生時）育児休業申出書

総務部長　殿

[申出日] 令和 5 年 9 月 5 日
[申出者] 所属　営業部
　　　　　氏名　数藤　篤

私は、育児・介護休業等に関する規則（第3条及び第7条）に基づき、下記のとおり（出生時）育児休業の申出をします。

記

1　休業に係る子の状況	(1)　氏名	
	(2)　生年月日	
	(3)　本人との続柄	
	(4)　養子の場合、縁組成立の年月日	年　　　月　　　日
	(5)　(1)の子が、特別養子縁組の監護期間中の子・養子縁組里親に委託されている子・養育里親として委託された子の場合、その手続きが完了した年月日	年　　　月　　　日
2　1の子が生まれていない場合の出産予定者の状況	(1)　氏名　　　　　数藤　海音 (2)　出産予定日　　令和5年9月20日 (3)　本人との続柄　妻	
3　出生時育児休業		
3-1　休業の期間	令和 5 年 9 月 20 日から 5 年 10 月 3 日まで （職場復帰予定日　令和 5 年 10 月 4 日） ※出生時育児休業を2回に分割取得する場合は、1回目と2回目を一括で申し出ること 令和 5 年 11 月 2 日から 5 年 11 月 15 日まで （職場復帰予定日　令和 5 年 11 月 16 日）	
3-2　申出に係る状況	(1)　休業開始予定日の2週間前に申し出て	ⓘる・いない→申出が遅れた理由〔　　　　　　　　　　　〕
	(2)　1の子について出生時育児休業をしたことが（休業予定含む）	ⓝい・ある（　回）
	(3)　1の子について出生時育児休業の申出を撤回したことが	ⓝい・ある（　回）
4　1歳までの育児休業（パパ・ママ育休プラスの場合は1歳2か月まで）		
4-1　休業の期間	年　　月　　日から　　年　　月　　日まで （職場復帰予定日　　　年　　月　　日）	

		※1回目と2回目を一括で申し出る場合に記載（2回目を後日申し出ることも可能） 　　年　　月　　日から　　年　　月　　日まで （職場復帰予定日　　　年　　月　　日）	
	4-2　申出に係る状況	(1) 休業開始予定日の1か月前に申し出て	いる・いない→申出が遅れた理由 〔　　　　　　　　　　　〕
		(2) 1の子について育児休業をしたことが（休業予定含む）	ない・ある（　回） →ある場合 休業期間：　年　月　日から 　　　　　　　年　月　日まで →2回ある場合、再度休業の理由 〔　　　　　　　　　　　〕
		(3) 1の子について育児休業の申出を撤回したことが	ない・ある（　回） →2回ある場合又は1回あるかつ上記(2)がある場合、再度申出の理由 〔　　　　　　　　　　　〕
		(4) 配偶者も育児休業をしており、規則第　条第　項に基づき1歳を超えて休業しようとする場合（パパ・ママ育休プラス）	配偶者の休業開始（予定）日 　　　年　　月　　日
5　1歳を超える育児休業			
	5-1　休業の期間	年　　月　　日から　　年　　月　　日まで （職場復帰予定日　　　年　　月　　日）	
	5-2　申出に係る状況	(1) 休業開始予定日の2週間前に申し出て	いる・いない→申出が遅れた理由 〔　　　　　　　　　　　〕
		(2) 1の子について1歳を超える育児休業をしたことが（休業予定含む）	ない・ある→再度休業の理由 〔　　　　　　　　　　　〕 休業期間：　年　月　日から 　　　　　　　年　月　日まで
		(3) 1の子について1歳を超える育児休業の申出を撤回したことが	ない・ある→再度申出の理由 〔　　　　　　　　　　　〕
		(4) 休業が必要な理由	
		(5) 1歳を超えての育児休業の申出の場合で申出者が育児休業中でない場合	配偶者が休業　している・していない 配偶者の休業（予定）日 　　年　　月　　日から 　　年　　月　　日まで

（注）上記3、4の休業は原則各2回まで、5の1歳6か月まで及び2歳までの休業は原則各1回です。
申出の撤回1回（一の休業期間）につき、1回休業したものとみなします。

＜提出先＞　　直接提出や郵送のほか、電子メールでの提出も可能です。
○○課　　　メールアドレス：□□□□＠□□

※申出書に提出先を記載することは義務ではありませんが、提出先及び事業主が電子メール、FAX、SNS
　等の提出を認める場合はその旨を記載するとわかりやすいでしょう。

2 産後パパ育休の期間

Q5 休業の期間や申出期限はどうなっていますか？

A

(1)産後パパ育休をすることができるのは、原則、子の出生後8週間以内の期間内で4週間（28日）以内、分割2回までを限度として労働者が申し出た期間です。

(2)労働者は、希望どおりの日から休業するためには、原則として産後パパ育休を開始しようとする日の2週間前までに申し出ることが必要です。これより遅れた場合、事業主は一定の範囲で休業を開始する日を指定できます。

(3)上記(2)の「2週間前まで」は、雇用環境の整備等について法を上回る措置※を労使協定で定めている場合は、「2週間超から1か月の範囲内で定める日」を申出期限にできます。

※ 研修実施・相談体制整備や定量的目標の設定等が該当します。育児・介護休業法施行規則第21条の7を参照。

Q6 産後パパ育休はいつ終了しますか？

A

(1)産後パパ育休の期間は、労働者の意思にかかわらず次の場合に終了します。

①子を養育しないこととなった場合※

②子の出生日の翌日又は出産予定日の翌日のいずれか遅い方から8週間を経過した場合

③子の出生日（出産予定日後に出生した場合は、出産予定日）以後に産後パパ育休の日数が28日に達した場合

④産後パパ育休をしている労働者について産前・産後休業、育児休業、介護休業又は新たな産後パパ育休が始まった場合

(2)産後パパ育休の開始前に子を養育しないこととなった場合には、産後パパ育休の申出はされなかったことになります。

(3)産後パパ育休の開始の前日までであれば、労働者は産後パパ育休の申出を撤回することができますが、撤回した申出の休業は取得したものとみなします。

※ 子の死亡や養子縁組の取消等、育児休業の終了事由（4.「Q14」(3)）と同様です。

3 産後パパ育休期間中の就業

Q7 産後パパ育休中に就業できると聞きましたがどういう仕組みですか？

A

(1)労使協定に産後パパ育休期間中に就業させることができると定めた労働者に限り、産後パパ育休期間中に就業することができる日等（以下「就業可能日等」）を休業開始前日まで事業主に申し出ることができます[1][2]。

(2)申出がなされたときは、事業主は労働者に対して、就業可能日等の範囲内かつ一定の範囲内の就業日等を速やかに提示しなければなりません。

(3)提示後、休業開始予定日前日までに労働者の同意[3]を得た場合に限り、労働者を就業させる

ことができます。

※1　就業可能日等の申出は書面（ファックス・Eメール等を含む）により申し出ることが必要です。

※2　労働者は休業開始前日まで、就業可能日等の変更又は申出の撤回ができます。
※3　同意をした後も、休業開始予定日前日までであれば同意の全部又は一部を撤回できます。

■出生時育児休業中の就業可能日等申出書

社内様式 15

出生時育児休業中の就業可能日等申出・変更申出書

人事課長　殿

［申出日］　令和 5 年　9 月 18 日
［申出者］所属　生産管理課
　　　　　氏名　佐生　倫之

　私は、育児・介護休業等に関する規則（第 9 条の 2）に基づき、下記のとおり出生時育児休業中の就業可能日等の　〔申出・変更申出〕をします。

記

１．出生時育児休業取得予定日

　令和 5 年　9 月　22 日（金曜日）から 令和 5 年　10 月　3　日（火曜日）まで

２．就業可能日等（変更申出の場合は当初申出から変更がない期間も含めて全て記載）

日付	時間	備考（テレワーク等の希望）
令和 5 年　9 月 29 日（金曜日） 　　年　　月　　日（　曜日）	9 時 30 分〜 15 時 30 分 　時　　分〜　　時　　分	大阪本社の期末会議および新商品説明会に自宅からオンラインで参加。

（注 1）申出後に変更が生じた場合は、休業開始予定日の前日までの間にすみやかに変更申出書を提出してください。
（注 2）休業開始予定日の前日までに、就業可能日等の範囲内で就業日時等を提示します。提示する就業日がない場合もその旨通知します。

Q8　労働者は産後パパ育休期間中に就業しなければなりませんか？

A

(1)産後パパ育休を含む育児休業は労働者の権利であり、休業期間の労務提供義務を消滅させる制度です。休業中は就業しないことが原則であり、産後パパ育休期間中の就業については、事業主から労働者に対して就業可能日等の申出を一方的に求めることや、労働者の意に反するような取扱いをしてはいけません※。

(2)就業可能日等を申し出るか否かは労働者が決め

ることであり、就業を希望しない場合は、就業可能日等を申し出る必要はありません。事業主においても、労働者から申出があれば必ず就業させなければならないものではありません。

※　産後パパ育休期間中の就業に関して、申出をしなかったことや就業可能日等が事業主の意に反する内容であったこと等を理由とする不利益取扱いは禁止されています。

6. 子の看護休暇制度

● 労働者は、事業主に申し出ることにより、1年度において5日（子が2人以上の場合には10日）、子の看護休暇を取得することができます。

● 子の看護休暇は時間単位で取得できます（令和3年1月から）。

1 子の看護休暇制度の概要

Q1 子の看護休暇とはどのような制度ですか？

A

(1)小学校就学前の子を養育する労働者は、事業主に申し出ることにより、1年度において5日（その養育する小学校就学の始期に達するまでの子が2人以上の場合にあっては、10日）を限度として、子の看護休暇を取得することができます。

(2)「1年度において」の年度とは、事業主が特に定めをしない場合には、毎年4月1日から翌年3月31日となります。

(3)「小学校就学の始期に達するまで」とは、子が6歳に達する年の3月31日までをいいます。

Q2 年次有給休暇とは違うものですか？

A

(1)子の看護休暇とは、けがをし、又は病気にかかった子の世話又は疾病の予防を図るために必要な世話※を行う労働者に対し与えられる休暇であり、労働基準法第39条の規定による年次有給休暇とは別に与える必要があります。子どもが病気やけがの際に休暇を取得しやすくし、子育てをしながら働き続けることができるようにするための権利として子の看護休暇が位置づけられています。

(2)子の看護休暇は、あらかじめ制度が導入され、就業規則などに記載されるべきものです（規定例⇒73頁）。

(3)なお、就業規則や賃金規定により、有給・無給のどちらの取り決めも可能ですが、労働者の処遇などに不利な取扱いはできません。

※ 「疾病の予防を図るために必要な世話」とは、子に予防接種又は健康診断を受けさせることをいい、予防接種には、予防接種法に定める定期の予防接種以外のもの（インフルエンザ予防接種など）も含まれます。

2 子の看護休暇の取得対象労働者

Q3 子の看護休暇は誰が取得することができますか？

A

(1)子の看護休暇は、小学校就学前の子を養育する労働者が、事業主に申し出ることにより取得できます。

(2)日々雇い入れられる者は除かれます。

Q4 事業主は、子の看護休暇の申出を拒むことはできますか？

A

(1)次のような労働者について子の看護休暇を取得することができないこととする労使協定があるときは、事業主は子の看護休暇の申出を拒むことができ、拒まれた労働者は子の看護休暇を取得することができません。

　①その事業主に継続して雇用された期間が6か月に満たない労働者

　②1週間の所定労働日数が2日以下の労働者

　③時間単位で子の看護休暇を取得することが困難と認められる業務に従事する労働者

(2)上記(1)の①②以外の労働者、例えば有期雇用労働者や配偶者が専業主婦（夫）である労働者等について子の看護休暇の申出を拒むことができるとすることはできません。

(3)上記(1)の③の労働者がする1日単位での子の看護休暇の申出は、拒むことはできません。

(4)上記(1)①のように、育児・介護休業法上、子の看護休暇は、労使協定を締結することにより入社6か月未満の労働者を除外することができますが、労使協定を締結する場合であっても、入社6か月未満の労働者が一定の日数を取得できるようにすることが望まれます。

Q5 「時間単位で子の看護休暇を取得することが困難と認められる業務」とはどのようなものですか？

A

(1)例えば次に掲げる業務で、業務の性質又は業務の実施体制に照らして、時間単位での取得が困難と認められる業務が該当します。

　①国際路線等に就航する航空機において従事する客室乗務員等の業務

　②長時間の移動を要する遠隔地で行う業務

　③流れ作業方式や交替制勤務による業務

(2)ただし、上記の規定は例示であり、例えばすでに時間単位の子の看護休暇制度が導入されている場合など、時間単位で子の看護休暇を取得することが客観的に見て困難と認められない業務については、制度の対象外とすることはできないとされています。

(3)また、上記に例示されている業務であっても、労使の工夫により、できる限り適用対象とすることも望ましいとされています。

3　子の看護休暇の取得単位

Q6　子の看護休暇の取得単位はどうなっていますか？

(1)子の看護休暇は、１日単位又は時間単位※1で取得することができます。

(2)時間単位で取得する場合の「時間」は、１日の所定労働時間数※2に満たない範囲です。休暇を取得する日の所定労働時間数と同じ時間数を取得する場合は、１日単位での取得として取り扱います。

※1　「時間単位」の取得は、令和３年１月施行の制度改正により実施されています（従前は「半日単位」）。

※2　日によって所定労働時間数が異なる場合は、この１日の労働時間数とは、子の看護休暇を取得しようとする日の所定労働時間のことをいいます。

Q7　２時間単位の取得のみ認めるという規定にできますか？

(1)「時間」とは、１時間の整数倍の時間をいい、労働者からの申出に応じ、労働者の希望する時間数で取得できるようにする必要があります。

(2)事業主が一方的に、又は労使協定を締結することにより、例えば２時間単位での子の看護休暇の取得のみ認め、１時間単位での取得を認めないこととする取扱いはできません。

Q8　何時間分の休暇で「１日分」の休暇になりますか？

(1)時間単位で取得する子の看護休暇１日分の時間数は、１日の所定労働時間数とし、１時間に満たない端数がある場合は、端数を切り上げます。例えば、１日の所定労働時間数が７時間30分の場合、８時間分の休暇で１日分となります。

(2)日によって所定労働時間数が異なる場合の１日の所定労働時間数の定め方は、１年間における１日の平均所定労働時間数※とします。

※　１年間における総所定労働時間数が決まっていない場合には、所定労働時間数が決まっている期間における１日平均所定労働時間数とします。

Q9　事業主は「中抜け」の休暇を認める必要がありますか？

(1)法令で定められている時間単位での取得は、始業の時刻から連続し、又は終業の時刻まで連続するものです。就業時間の途中から休暇を取得して就業時間の途中に戻る、いわゆる「中抜け」を認めることまでは求めていません。

(2)なお、すでに「中抜け」による時間単位での取得を認めている場合、「中抜け」を想定しない制度に変更することは、労働者にとって不利益な労働条件の変更になるため、労働契約法の規定により原則として労使間の合意が必要となります。

Q10 日によって所定労働時間が異なる労働者の１日分の休暇は、日単位の休暇として取り扱うべきですか？

A

(1)日によって所定労働時間数が異なる労働者が、１日の所定労働時間数と同じ時間数の子の看護休暇を取得する場合、当該休暇を日単位として取り扱うか、時間単位として取り扱うかにより、労働者にとって有利になる場合もあれば不利※になる場合もあります。

(2)こうした場合の取扱いをあらかじめ統一的に定めるため、時間単位で子の看護休暇を取得する場合の「時間」は、子の看護休暇を取得しようとする日の所定労働時間数未満の時間とされて

おり、休暇を取得する日の所定労働時間数と同じ時間数の子の看護休暇を取得する場合には、日単位での休暇の取得として取り扱うことになります（⇒例１）。

※ 例えば、１日平均所定労働時間数が７時間の労働者が、所定労働時間数が８時間の日に８時間分の休暇を取得する場合、日単位として取り扱うと休暇１日分に相当するが、時間単位として取り扱うと休暇１日と１時間分に相当することとなり、時間単位として取り扱う方が労働者にとって不利となります。

（例１）日によって所定労働時間数が異なる労働者
　　　　※１日平均所定労働時間数が７時間の場合
　　　　※年５日分の子の看護休暇が取得可能である場合

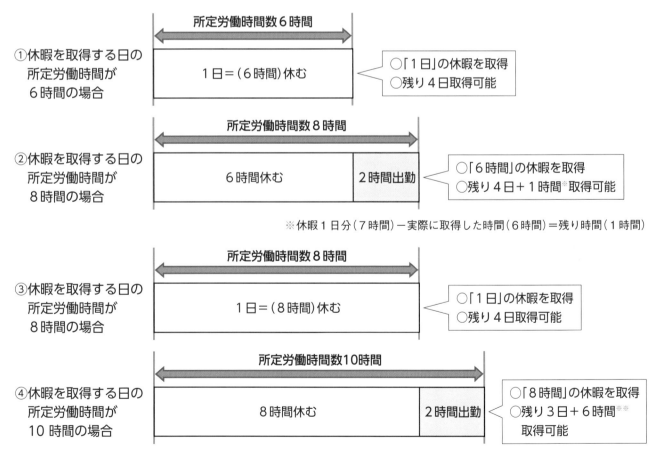

（注）上記の例では、１日平均所定労働時間数が７時間の場合を前提としている。
　　　１日平均所定労働時間数である**７時間分**の時間単位の休暇で、休暇「１日分」となる。

Q11 休憩時間に差し掛かる時間はどのように取り扱いますか？

A

(1)労務提供義務のない休憩時間に子の看護休暇を請求する余地はないため、休憩時間を除く、実際に労働に従事することとなる時間帯でみて、始業時刻から連続し、又は終業時刻まで連続する時間単位で子の看護休暇を取得できることと なります。

(2)例２の場合、始業時刻から連続した４時間の子の看護休暇を取得する場合には、8：30～12：00及び13：00～13：30を合計した４時間となります。

 Q12 終業時刻に近接した時間はどのように取り扱いますか？

A

(1)時間単位とは、始業時刻から連続し、又は終業時刻まで連続する時間単位を指すことから、例３の場合、終業時刻（17時45分）から遡った１時間である16時45分から17時45分までの１時間となります。

(2)なお、労働者が例えば16時45分から17時45分までの１時間の子の看護休暇の取得の申出をし、

実際には17時から17時45分までのように１時間に満たない時間を休んだとしても、当該労働者は１時間の休暇を取得したものとして処理して差し支えありません。

(3)ただし、労働者が休んだ時間分の賃金を控除する場合には、実際に休んだ時間を超えて控除してはなりません。

（例２）始業時刻から連続した４時間の休暇を取得する場合
　　　　※勤務時間は8：30～17：00（休憩12：00～13：00）

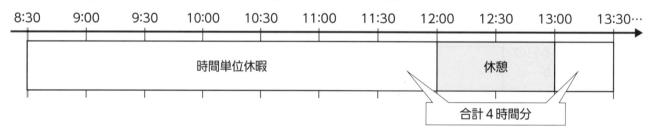

（例３）終業時刻に近接した時間帯に１時間の時間単位の休暇を取得する場合
　　　　※勤務時間は9:00～17:45（休憩12:00～13:00）

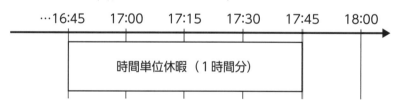

Q13 年度途中で労働時間が変わった場合はどうなりますか？

A

⑴1年度の途中で所定労働時間数の変更があった場合、子の看護休暇の残りを時間単位で保有している部分については、所定労働時間の変更に比例して時間数が変更になります。

⑵例えば、看護休暇が3日と3時間残っている労働者について、1日の所定労働時間数が8時間から5時間に変更された場合、時間単位で取得

可能な看護休暇の日数・時間数は次のように変更されます。

【変更前】3日（8時間で「1日分」）と3時間

【変更後】3日（5時間で「1日分」）と2時間※

※　「と3時間」に5÷8を乗じて比例変更すると「と1.875時間」になりますが、1時間未満の端数は切り上げて「と2時間」とします。

■育児・介護休業等に関する規定例

第○条（子の看護休暇）
1　小学校就学の始期に達するまでの子を養育する従業員（日雇従業員を除く）は、負傷し、又は疾病にかかった当該子の世話をするために、又は当該子に予防接種や健康診断を受けさせるために、就業規則第○条に規定する年次有給休暇とは別に、当該子が1人の場合は1年間につき5日、2人以上の場合は1年間につき10日を限度として、子の看護休暇を取得することができる。この場合の1年間とは、4月1日から翌年3月31日までの期間とする。
2　子の看護休暇は、**時間単位**で始業時刻から連続又は終業時刻まで連続して取得することができる。

注）介護休暇についても同様の規定が必要です

4　子の看護休暇の申出

 Q14 子の看護休暇の申出はどのように行いますか？

A

⑴子の看護休暇の申出は、次の事項を事業主に明らかにすることによって行わなければなりません（様式例⇒次頁）。
①労働者の氏名
②申出に係る子の氏名及び生年月日
③看護休暇を取得する年月日（1日未満の単位で取得する場合には、看護休暇の開始及び終了の年月日時）

④申出に係る子が負傷し、若しくは病気にかかっている事実、又は疾病の予防を図るために必要な世話（「Q2」参照）を行う旨
⑵子の看護休暇の利用については緊急を要することが多いことから、当日の電話等の口頭の申出でも取得を認め、書面の提出等を求める場合は事後となっても差し支えないこととすることが必要です。

■子の看護休暇申出書

社内様式7

〔子の看護休暇・介護休暇〕申出書

人事課長 殿

　　　　　　　　　　　　　　　　　　　〔申出日〕令和5年 6月 8日
　　　　　　　　　　　　　　　　　　　〔申出者〕所属 顧客課
　　　　　　　　　　　　　　　　　　　　　　　氏名 鈴木 純那

　私は、育児・介護休業等に関する規則（第14条及び第15条）に基づき、下記のとおり〔子の看護休暇・介護休暇〕の申出をします。

記

		〔子の看護休暇〕	〔介護休暇〕
1　申出に係る家族の状況	(1) 氏名	鈴木　司	
	(2) 生年月日	平成31年3月4日	
	(3) 本人との続柄	二男	
	(4) 養子の場合、縁組成立の年月日		
	(5) (1)の子が、特別養子縁組の監護期間中の子・養子縁組里親に委託されている子・養育里親として委託された子の場合、その手続きが完了した年月日		
	(6) 介護を必要とする理由		
2　申出理由	病院にて予防接種を受けるため		
3　取得する日	令和5年 6月12日 8時00分から　5年 6月12日 12時00分まで		

4　備　考	令和5年4月1日～4年3月31日（1年度）の期間において

育児	対象 2人	10日	介護	対象 人	日
取得済日数・時間数	4日	0時間	取得済日数・時間数	日	時間
今回申出日数・時間数	0日	4時間	今回申出日数・時間数	日	時間
残日数・残時間数	5日	4時間	残日数・残時間数	日	時間

（注1）当日、電話などで申し出た場合は、出勤後すみやかに提出してください。
　　　3については、複数の日を一括して申し出る場合には、申し出る日をすべて記入してください。
（注2）子の看護休暇の場合、取得できる日数は、小学校就学前の子が1人の場合は年5日、2人以上の場合は年10日となります。時間単位で取得できます。
　　　介護休暇の場合、取得できる日数は、対象となる家族が1人の場合は年5日、2人以上の場合は年10日となります。時間単位で取得できます。

Q15 子の看護休暇の申出に対し、事業主は労働者に書面の提出を求めることは可能ですか？

A

(1)事業主は、労働者に対して申出に係る子が負傷し、又は病気にかかっている事実、又は疾病の予防を図るために必要な世話を行うことを証明する書類の提出を求めることができます。

(2)現に負傷し、若しくは病気にかかったその子の世話又は病気の予防を図るために必要なその子の世話を行うための休暇であることから、証明書類の提出を求める場合には事後の提出を可能

とする等、労働者に過重な負担を求めることにならないよう配慮が求められます。

(3)子の症状、労働者の勤務の状況等が様々であることに対応し、いわゆる「中抜け」の取得を認めたり、時間単位での休暇の取得ができないこととなった労働者であっても、半日単位での休暇の取得を認めたりする等、制度の弾力的な利用が可能となるような配慮が求められます。

Q16 子の看護休暇について、医師の診断書等が得られない場合はどのようにすればよいですか？

A

(1)子の看護休暇は、介護休業と異なり、休暇が取得できるけがや病気の種類や程度に特段の制限はありませんので、例えば、風邪による発熱など短期間で治癒する傷病であっても労働者が必要と考える場合には申出ができます。

(2)このため、申出に係る子のけが又は病気の事実を証明する書類としては、必ずしも医師の診断書等が得られない場合等もありますので、例えば、購入した薬の領収書等により確認する等柔軟な取扱いをすることが求められます。

法令よりも有利な制度の設定

子の看護休暇は、労働者1人につき5日（子が2人以上の場合にあっては、10日）であり、子ども1人につき5日ではありませんが、法を上回る日数の取得を可能とする制度を定めることは差し支えありません。

事業主による申出の拒否は不可

事業主は、経営困難、事業繁忙その他どのような理由があっても労働者の適法な子の看護休暇の申出を拒むことはできません。また、育児休業や介護休業とは異なり、事業主には子の看護休暇を取得する日を変更する権限は認められていません。

7. 労働の制限

● 育児を行う労働者は、労働時間が過大にならないよう労働の制限を事業主に請求できます。

● 事業主は事業の正常な運営を妨げる場合を除き、請求のあった労働者に所定外労働（残業）、一定以上の時間外労働及び深夜業をさせてはいけません。

1 所定外労働の制限

Q1 育児を行う労働者は、所定外労働の制限（残業の免除）を受けることができますか？

A

(1)事業主は、３歳に満たない子を養育する労働者が請求した場合においては、事業の正常な運営を妨げる場合を除き、所定労働時間を超えた労働（残業）をさせてはいけません。

(2)「事業の正常な運営を妨げる場合」に該当するか否かは、その労働者の所属する事業所を基準として、その労働者の担当する作業の内容、作業の繁閑、代行者の配置の難易等諸般の事情を考慮して客観的に判断することとなります。

(3)事業主は、労働者が所定外労働の制限を請求した場合においては、当該労働者が請求どおりに所定外労働の制限を受けることができるように、通常考えられる相当の努力をすべきものであり、単に所定外労働が事業の運営上必要であるとの理由だけでは拒むことは許されません。

(4)所定外労働の制限は、あらかじめ制度が導入され、就業規則などに記載されるべきものです。

Q2 所定外労働の制限は誰が請求することができますか？

A

(1)３歳に満たない子を養育する労働者が請求することができます。

(2)日々雇い入れられる者は請求できませんが、有期雇用労働者は請求できます。

(3)また、次のような労働者について、所定外労働の制限を請求することができないこととする労

使協定がある場合には対象外とすることができます。

①その事業主に継続して雇用された期間が１年に満たない労働者

②１週間の所定労働日数が２日以下の労働者

Q3 所定外労働の制限の請求はどのように行いますか？

A

(1)制限の請求は、１回につき、１か月以上１年以

内の期間について、開始の日及び終了の日を明

らかにして、制限開始予定日の１か月前までにしなければなりません。

(2)この請求は、何回もすることができます。

(3)請求は、次の事項を事業主に通知することによって行わなければなりません（様式例⇒次頁）。この通知は、書面によるほか、事業主が適当と認める場合には、ファックス又は電子メール等※によることも可能です。

①請求の年月日

②労働者の氏名

③請求に係る子の氏名、生年月日及び請求する労働者との続柄等（請求に係る子が請求の際に出生していない場合にあっては、請求に係る子を出産する予定である者の氏名、出産予定日及び労働者との続柄。特別養子縁組の請求等の場合はその事実）

④請求に係る制限期間の初日及び末日とする日

⑤請求に係る子が養子である場合にあっては、当該養子縁組の効力が生じた日

(4)事業主は、労働者に対して請求に係る子の出生等を証明する書類の提出を求めることができます（２．「Ｑ４」参照）。

※ 電子メール等による場合は、労働者及び事業主が送信する情報を出力することにより書面を作成できるものに限ります。また、電子メール等には、例えばイントラネット（企業内LAN）、Webメール（Gmail等）、SNS（LINE、Facebook等）を利用した申出が含まれます。

Q4 所定外労働の制限はどういう場合に終了しますか？

(1)所定外労働の制限の期間は、労働者の意思にかかわらず次の場合に終了します。

①子を養育しないこととなった場合

②子が３歳に達した場合

③所定外労働の制限を受けている労働者について、産前・産後休業、育児休業、産後パパ育休又は介護休業が始まった場合

(2)「子を養育しないこととなった場合」とは、具体的には次の場合をいいます。

①子の死亡

②子が養子の場合の離縁や養子縁組の取消

③子が他人の養子となったこと等による同居の解消

④特別養子縁組の不成立等の場合

⑤労働者のけがや病気等により、制限を終了しようとする日までの間、子を養育できない状態になったこと

(3)子を養育しないこととなった場合は、労働者はその旨を事業主に通知しなければなりません。

(4)所定外労働の制限の開始前に子を養育しないこととなった場合には、所定外労働の制限の請求は、されなかったことになります。

Q5 管理職は所定外労働の制限の対象となりますか？

(1)管理職のうち、労働基準法第41条第２号に定める管理監督者については、労働時間等に関する規定が適用除外されていることから、所定外労働の制限の対象外となります。

(2)なお、労働基準法第41条第２号に定める管理監督者については、同法の解釈として、労働条件の決定その他労務管理について経営者と一体的な立場にある者の意であり、名称にとらわれず、実態に即して判断すべきであるとされています。

(3)このため、事業所内で「管理職」として取り扱われている労働者であっても、同号の管理監督者にあたらない場合には、所定外労働の制限の対象となります。

■育児のための所定外労働制限請求書

社内様式8

〔育児〕・介護〕のための所定外労働制限請求書

人事課長 殿

[請求日] 令和5年4月28日
[請求者] 所属 経理課
氏名 竹下 冨美

　私は、育児・介護休業等に関する規則（第16条）に基づき、下記のとおり〔育児〕・介護〕のための所定外労働の制限を請求します。

記

		〔育児〕	〔介護〕
1 請求に係る家族の状況	(1) 氏名	竹下 雅紀	
	(2) 生年月日	令和4年6月6日	
	(3) 本人との続柄	長男	
	(4) 養子の場合、縁組成立の年月日		
	(5) (1)の子が、特別養子縁組の監護期間中の子・養子縁組里親に委託されている子・養育里親として委託された子の場合、その手続きが完了した年月日		
	(6) 介護を必要とする理由		
2 育児の場合、1の子が生まれていない場合の出産予定者の状況	(1) 氏名 (2) 出産予定日 (3) 本人との続柄		
3 制限の期間	令和5年6月6日から6年6月5日まで		
4 請求に係る状況	制限開始予定日の1か月前に請求をして いる・いない→請求が遅れた理由 〔 〕		

2 時間外労働の制限

Q6 育児を行う労働者は、時間外労働の制限を受けることができますか？

A

(1)事業主は、小学校就学の始期に達するまでの子を養育する労働者が、その子を養育するために請求した場合においては、事業の正常な運営を妨げる場合を除き、1か月について24時間、1年について150時間を超える時間外労働（法定時間外労働）をさせてはいけません。

(2)就業規則や時間外労働協定等で定めた時間外労働の上限時間が、1か月について24時間、1年について150時間を下回る場合は、就業規則や時間外労働協定等で定めた時間外労働の上限時間が優先されます。

(3)「事業の正常な運営を妨げる場合」に該当するか否かは、その労働者の所属する事業所を基準として、その労働者の担当する作業の内容、作

業の繁閑、代行者の配置の難易等諸般の事情を考慮して客観的に判断することとなります。

(4)時間外労働の制限は、あらかじめ制度が導入され、就業規則などに記載されるべきものです。なお、当然のことながら、事業主が労働者に時間外労働をさせるためには、別途労働基準法第36条第1項の規定による時間外労働協定（いわゆる36協定）を締結し、所轄の労働基準監督署長へ届け出ることが必要です。

Q7 労働者が1年未満の期間で時間外労働の制限を請求した場合はどうなりますか？

A

(1)労働者が1年未満の期間で請求した場合には、その請求期間内において150時間を超えないようにしなければなりません。

(2)時間外労働の制限の請求期間においては、1年150時間と1か月24時間の両方の制限がかかりますが、請求期間が6か月以下の場合には、1年150時間の時間制限の意味はありませんので、実質的に1か月24時間の制限のみがかかります。

（例）請求期間が5か月の場合
・各月それぞれ24時間ずつまで→これにより、期間トータルの総時間も、24時間×5＝120時間までに制限されます。

Q8 時間外労働の制限は誰が請求することができますか？

A

(1)小学校就学の始期に達するまでの子を養育する労働者が、その子を養育するために請求することができます。

(2)日々雇い入れられる者は請求できませんが、有期雇用労働者は請求できます。

(3)ただし、①その事業主に継続して雇用された期間が1年に満たない労働者、②1週間の所定労働日数が2日以下の労働者は請求できません。

Q9 時間外労働の制限の請求はどのように行いますか？

A

(1)制限の請求は、1回につき、1か月以上1年以内の期間について、その開始の日及び終了の日を明らかにして制限開始予定日の1か月前までにしなければなりません（⇒例）。

(2)請求は、次の事項を事業主に書面により通知することによって行わなければなりません。事業主が適当と認める場合には、ファックス又は電子メール等※によることも可能です。
①請求の年月日
②労働者の氏名
③請求に係る子の氏名、生年月日及び労働者との続柄等（子が出生していない場合は、出産予定者の氏名、出産予定日及び労働者との続柄。特別養子縁組の請求等の場合にあっては、その事実）
④制限を開始しようとする日及び制限を終了しようとする日
⑤請求に係る子が養子である場合には養子縁組の効力発生日

(3)この請求は、何回もすることができます。

(4)事業主は、労働者に対して請求に係る子の出生等を証明する書類の提出を求めることができます（2.「Ｑ4」参照）。

※　電子メール等による場合は、労働者及び事業主が送信する情報を出力することにより書面を作成できるものに限ります。また、電子メール等には、例えばイントラネット（企業内LAN）、Webメール（Gmail等）、SNS（LINE、Facebook等）を利用した申出が含まれます。

(例)

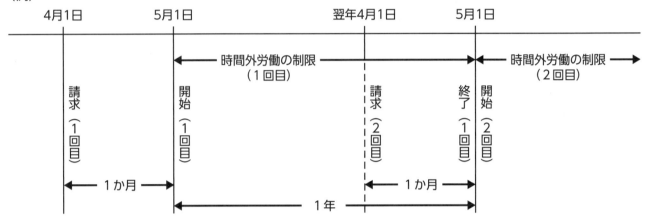

■育児のための時間外労働制限請求書

社内様式9

〔育児〕・介護〕のための時間外労働制限請求書

総務課長 殿

〔請求日〕令和 5 年 6 月 30 日
〔請求者〕所属　第一製造課
　　　　　氏名　野口　秋奈

　私は、育児・介護休業等に関する規則（第17条）に基づき、下記のとおり〔育児〕・介護〕のための時間外労働の制限を請求します。

記

		〔育児〕	〔介護〕
1　請求に係る家族の状況	(1) 氏名	野口　京美	
	(2) 生年月日	令和4年7月15日	
	(3) 本人との続柄	長女	
	(4) 養子の場合、縁組成立の年月日		
	(5) (1)の子が、特別養子縁組の監護期間中の子・養子縁組里親に委託されている子・養育里親として委託された子の場合、その手続きが完了した年月日		
	(6) 介護を必要とする理由		
2　育児の場合、1の子が生まれていない場合の出産予定者の状況	(1) 氏名		
	(2) 出産予定日		
	(3) 本人との続柄		
3　制限の期間	令和 5 年 7 月 18 日から 6 年 1 月 12 日まで		
4　請求に係る状況	制限開始予定日の1か月前に請求をしている・いない→請求が遅れた理由〔　育児を手伝ってもらっていた義母が入院したため　〕		

Q10 時間外労働の制限はどういう場合に終了しますか？

A

(1)時間外労働の制限は、労働者の意思にかかわらず次の場合に終了します。
　①子を養育しないこととなった場合（「Q4」参照）
　②子が小学校就学の始期に達した場合
　③時間外労働の制限を受けている労働者について産前産後休業、育児休業、産後パパ育休又は介護休業が始まった場合
(2)時間外労働の制限の開始前に子を養育しないこととなった場合には、時間外労働の制限の請求はされなかったことになります。

 Q11 労働者は時間外労働の制限の請求を撤回できますか？

A

(1)労働者が1年間について請求を行った場合であっても、時間外労働の制限の適用を受ける必要がなくなった時には、いつでも請求を撤回することができ、以後その適用を受けません。
(2)ただし、事業主は、労働者から撤回の申出があったからといって、直ちにその労働者に対し、ほかの労働者と同水準の時間外労働をさせなければならなくなるものではありません。

3 深夜業の制限

 Q12 育児を行う労働者は、深夜業の制限を受けることができますか？

A

(1)事業主は、小学校就学の始期に達するまでの子を養育する労働者が、その子を養育するために請求※した場合、事業の正常な運営を妨げる場合を除き、午後10時から午前5時までの間（以下「深夜」）において労働させてはなりません。
(2)「事業の正常な運営を妨げる場合」に該当するか否かは、その労働者の所属する事業所を基準として、その労働者の担当する作業の内容、作業の繁閑、代行者の配置の難易等諸般の事情を考慮して客観的に判断することとなります。
(3)深夜業の制限は、あらかじめ制度が導入され、就業規則などに記載されるべきものです。

※ 労働基準法に規定する妊産婦の深夜業の制限の要件にも該当する労働者は、任意に選択して請求できます。

 Q13 深夜業の制限は誰が請求することができますか？

A

(1)小学校就学の始期に達するまでの子を養育する労働者が、その子を養育するために請求することができます。
(2)ただし、次のような労働者は請求できません。
　①その事業主に継続して雇用された期間が1年に満たない労働者
　②深夜においてその子を常態として保育できる同居の家族がいる労働者
　③1週間の所定労働日数が2日以下の労働者
　④所定労働時間の全部が深夜にある労働者[※1]

(3)日々雇い入れられる者は請求できませんが、有期雇用労働者は請求できます。

(4)所定外労働の延長として深夜に及ぶことになった場合にも、請求できます。

(5)上記(2)の②の「深夜においてその子を常態として保育できる同居の家族」とは、16歳以上の同居の家族であって、次のいずれにも該当する者をいいます。

　①深夜に就業していないこと（深夜における就業日数が１か月について３日以下の場合を含みます）

　②けが、病気等により子の保育が困難な状態でないこと

　③６週間以内に出産する予定であるか又は産後８週間を経過しない者でないこと

※１　「所定労働時間の全部が深夜にある労働者」とは、労働契約上、労働すべき時間として定められている時間のすべてが午後10時から午前５時までの間にある労働者をいいます。

※２　多胎妊娠の場合は14週間。

Q14　深夜業の制限の請求はどのように行いますか？

A

(1)制限の請求は、１回につき、１か月以上６か月以内の期間について、開始の日及び終了の日を明らかにして、開始の日の１か月前までにしなければなりません（⇒例）。

(2)請求は、次の事項を事業主に書面により通知することによって行わなければなりません。事業主が適当と認める場合には、ファックス又は電子メール等※によることも可能です。

　①請求の年月日

　②労働者の氏名

　③請求に係る子の氏名、生年月日及び労働者との続柄等（子が出生していない場合は、出産予定者の氏名、出産予定日及び労働者との続柄。特別養子縁組の請求等の場合にあってはその事実）

　④制限を開始しようとする日及び制限を終了しようとする日

　⑤請求に係る子が養子である場合には養子縁組の効力発生日

　⑥深夜においてその子を常態として保育することができる同居の家族がいないこと

(3)この請求は、何回もすることができます。

(4)事業主は、労働者に対して請求に係る子の出生等を証明する書類の提出を求めることができます（2.「Ｑ４」参照）。

※　電子メール等による場合は、労働者及び事業主が送信する情報を出力することにより書面を作成できるものに限ります。また、電子メール等には、例えばイントラネット（企業内LAN）、Webメール（Gmail等）、SNS（LINE、Facebook等）を利用した申出が含まれます。

(例)

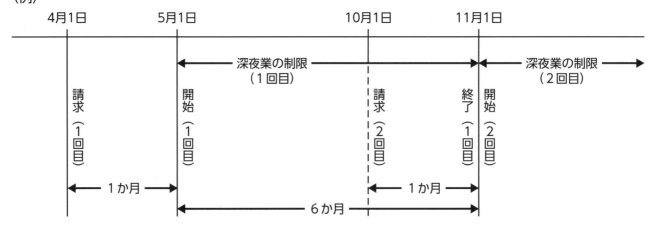

■育児のための深夜業制限請求書

社内様式10

〔育児・介護〕のための深夜業制限請求書

総務部長　殿

[請求日]　令和5年10月11日
[請求者]　所属　施設課
　　　　　氏名　平沼　晶帆

　私は、育児・介護休業等に関する規則（第18条）に基づき、下記のとおり〔育児・介護〕のための深夜業の制限を請求します。

記

		〔育児〕	〔介護〕
1　請求に係る家族の状況	(1)　氏名	平沼　礼衣	
	(2)　生年月日	令和4年11月25日	
	(3)　本人との続柄	長女	
	(4)　養子の場合、縁組成立の年月日		
	(5)　(1)の子が、特別養子縁組の監護期間中の子・養子縁組里親に委託されている子・養育里親として委託された子の場合、その手続きが完了した年月日		
	(6)　介護を必要とする理由		
2　育児の場合、1の子が生まれていない場合の出産予定者の状況	(1)　氏名 (2)　出産予定日 (3)　本人との続柄		
3　制限の期間	令和5年11月27日から　6年3月30日まで		
4　請求に係る状況	(1)　制限開始予定日の1か月前に請求をして 　　いる・いない→請求が遅れた理由 　　〔　　　　　　　　　　　　　　　　　　　　〕 (2)　常態として1の子を保育できる又は1の家族を介護できる16歳以上の同居の親族が 　　いる・いない		

 Q15 深夜業の制限はどういう場合に終了しますか？

A

(1)深夜業の制限の期間は、労働者の意思にかかわらず次の場合に終了します。
　①子を養育しないこととなった場合（「Q4」参照）
　②子が小学校就学の始期に達した場合
　③深夜業の制限を受けている労働者について産前・産後休業、育児休業、産後パパ育休又は介護休業が始まった場合

(2)子を養育しないこととなった場合は、労働者はその旨を事業主に通知しなければなりません。

(3)深夜業の制限の開始前に子を養育しないこととなった場合には、深夜業の制限の請求は、されなかったことになります。

8. 事業主が講ずべき措置

● 事業主は、育児休業中の待遇や賃金、労働条件について、周知するための措置を講じます。

● 事業主は、育児休業の申出や休業後の円滑な就業、雇用管理、育児休業期間中の労働者の職業能力の開発等について必要な措置を講じます。

1 妊娠・出産等の申出があった場合

Q1 労働者から妊娠の申出があったら何を伝えればよいですか？

A

(1)労働者が事業主に、本人又は配偶者が妊娠又は出産等[※1]したことを申し出たときは、事業主は申し出た労働者に対して個別に育児休業制度等について周知しなければなりません。

(2)併せて事業主は、育児休業及び産後パパ育休の取得意向を確認するために、面談等の措置を講じなければなりません。

(3)妊娠・出産等の申出があった場合は、事業主は次に掲げる事項を申し出た労働者に個別に周知する必要があります。

①育児休業・産後パパ育休に関する制度

②育児休業・産後パパ育休の申出先

③育児休業給付に関すること

④労働者が育児休業期間・産後パパ育休期間について負担すべき社会保険料の取扱い

(4)労働者への個別周知及び育児休業等の取得意向の確認は、面談[※2]又は書面交付の方法によって行います。労働者が希望する場合にはファックス又は電子メール等[※3]によることも可能です。

(5)取得意向には、取得予定の有無のほか「取得するか未定」という意向も含みます。

(6)日々雇用される者を除くほかは、有期雇用労働者であっても別途の要件を課すことなく措置の対象となります。ただし育児休業を取得する可能性がない場合（子の年齢が育児休業の対象年齢を既に超えている場合等）はその旨説明を行えば足ります。

(7)労働者への個別周知及び意向確認の措置は、労働者から育児休業及び産後パパ育休の申出が円滑に行われるようにすることが目的です。そのため、取得を控えさせるような形での個別周知及び意向確認は認められません

(8)措置を行うに当たっては、労働者が希望の日から円滑に育児休業を取得することができるように配慮し、適切な時期に実施することが必要です。例えば、出産予定日の1か月半以上前の申出があった場合、出産予定日の1か月前までに実施します。

(9)産後パパ育休期間中の就業について労使協定を締結している事業主において、産後パパ育休制度に関し、休業中の就業の仕組みについて労働者に知らせる際には、育児休業給付及び育児休業期間中の社会保険料免除について、休業中の就業日数によっては育児休業給付や社会保険料免除の要件を満たさなくなる可能性があることについても併せて説明するよう留意します。

※1　本人又は配偶者が妊娠又は出産等したことの「等」とは、たとえば「特別養子縁組のための試験的な養育期間にある1歳未満の子を養育していること又は特別養子縁組の成立について家庭裁判所に請求する予定であり、当該請求に係る1歳未満の子を監護する意思を明示した」こと等をさします。なお「配偶者」には婚姻の届出をしていないが事実上婚姻関係と同様の事情にある者を含みます。

※2 面談はオンラインで行うことも可能ですが、対面で行う場合と同程度の質が確保されることが必要であり、音声のみの通話等は面談に含まれません。
※3 電子メール等による場合は、労働者が当該電子メール等の記録を出力することにより書面を作成できるものに限ります。また、電子メール等には、例えば、イントラネット（企業内LAN）、Webメール（Gmail等）、SNS（LINE、Facebook等）を利用した申出が含まれます。

2 あらかじめ定めるべき事項等

Q2 育児休業に関連して、事業主があらかじめ定めるべき事項等はありますか？

A

(1)事業主は、次の事項について、あらかじめ定め、これを労働者（男女とも）に周知するための措置を講ずるよう努力します。
　①育児休業※1中の待遇に関する事項※2
　②育児休業後の賃金※3、配置※4その他の労働条件に関する事項
　③その他の事項※5

(2)事業主は、労働者もしくはその配偶者が妊娠・出産したことを知ったときに、関連する制度について個別に制度を周知するための措置を講ずるよう努力します。

(3)また、このような定めを個々の育児休業の申出をした労働者にあてはめた具体的な取扱いを明示するよう努力します。明示は文書を交付することによって行います。

(4)上記(1)の②の「労働条件に関する事項」には、昇進、昇格及び年次有給休暇等に関することが含まれます。なお、労働基準法にもとづく年次有給休暇の権利発生に係る出勤率の算定にあたっては、育児休業をした期間は出勤したものとみなさなければなりません（労働基準法第39条第10項）。

(5)個別に制度を周知するための措置は、労働者のプライバシーを保護する観点から、労働者が自発的に知らせることを前提としたものである必要があります。そのためには、労働者が自発的に知らせやすい職場環境が重要であり、育児休業等に関するハラスメントの防止措置を事業主が講じている必要があります。

(6)労働者に両立支援制度を周知する際には、労働者が計画的に育児休業を取得できるよう、あわせて、「パパ・ママ育休プラス」やその他の両立支援制度を周知することが望ましいとされています。

※1 育児休業には産後パパ育休を含みます。
※2 「育児休業中の待遇に関する事項」には、育児休業期間についての賃金その他の経済的給付、教育訓練の実施等が含まれます。
※3 「育児休業後の賃金」とは、育児休業等の終了後の賃金の額及びその算定の方法等をいいます。なお、ここでいう「賃金」とは、労働の対償として事業主が労働者に支払うすべてのもので、退職金を含みます。
※4 「配置」とは、労働者を一定の職務（ポスト）に就けること又は就けている状態をいい、従事すべき職務の内容及び就業の場所を主要な要素とするものです。また、「配置」には、出向及び労働者派遣法第2条第一号の労働者派遣も含まれます。
※5 「その他の事項」としては、子を養育しないこととなったことにより育児休業期間が終了した場合の労務の提供の開始時期等があります。

3　雇用環境の整備、雇用管理・職業能力の開発向上

Q3　雇用環境の整備として何をすればよいですか？

A

⑴事業主は、育児休業及び産後パパ育休の申出が円滑に行われるようにするため、次のいずれかの措置を講じ、男女とも対象に実施します。

　①雇用する労働者に対する育児休業[※1]に係る研修の実施[※2]

　②育児休業に関する相談体制の整備[※3]

　③雇用する労働者の育児休業取得事例の収集・提供[※4]

　④雇用する労働者に対する育児休業に関する制度及び育児休業取得促進に関する方針の周知[※5]

⑵雇用環境の整備の措置を講ずるに当たっては、短期はもとより1か月以上の長期の休業の取得を希望する労働者が希望するとおりの期間の休業を申出、取得できるように配慮する必要があります。

⑶雇用環境の整備の措置を講ずるに当たっては、可能な限り複数の措置を行います。

　※1　育児休業は産後パパ育休を含みます。

　※2　全ての労働者に対して研修を実施することが望ましいですが、少なくとも管理職の者については研修を受けたことのある状態にすべきものです。研修の実施に当たっては、定期的に実施する、調査を行う等職場の実態を踏まえて実施する、管理職層を中心に職階別に分けて実施する等の方法が効果的と考えられます。

　※3　相談体制の窓口の設置や相談対応者を置き、これを周知することを意味します。このことは窓口を形式的に設けるだけでは足らず、実質的な対応が可能な窓口が設けられていることをいうものであり、労働者に対する窓口の周知等により、労働者が利用しやすい体制を整備しておくことが必要です。

　※4　自社の育児休業の取得事例を収集し、当該事例の掲載された書類の配付やイントラネットへの掲載等を行い、労働者の閲覧に供することです。事例の収集、提供に当たっては、男女双方の事例を収集し、提供することが原則ですが、男女いずれかの対象者がいない場合に片方のみとなることはやむを得ません。また、提供する取得事例を特定の性別や職種、雇用形態等に偏らせず、可能な限り様々な労働者の事例を収集、提供することにより、特定の者の育児休業の申出を控えさせることに繋がらないように配慮します。

　※5　育児休業に関する制度及び育児休業の取得の促進に関する事業主の方針を記載したものの配付や事業所内やイントラネットへの掲載等を行います。

Q4　雇用管理や職業能力の開発向上等に関する措置とは何ですか？

A

⑴育児休業[※1]の申出や育児休業後の就業が円滑に行われるようにするため、事業主は、労働者の配置その他の雇用管理、育児休業期間中の労働者の職業能力の開発及び向上等について必要な措置を講ずるよう努力します。

⑵事業所における労働者の配置その他の雇用管理に関して必要な措置を講ずるにあたっては、

　①育児休業をする労働者については育児休業後においては、原則として原職又は原職相当職[※2]に復帰させるよう配慮します

　②また、このような考え方を前提に、その他の労働者の配置等の雇用管理に工夫を加えます

⑶育児休業をする労働者の職業能力の開発及び向上等に関して必要な措置を講ずるにあたっては、

　①労働者がその適用を受けるかどうかを選択できるものでなければなりません

　②また、この措置は労働者の職種、職務上の地位、職業意識等の状況に的確に対応し、かつ計画的に講じられることが望ましいものです

　※1　パパ育休を含む（次のＱも同様）。

　※2　「原職相当職」の範囲は、個々の企業又は事業所における組織の状況、業務配分、その他雇用管理の状況によって様々です。一般的に①休業後の職制上の地位が休業前より下回っていないこと、②休業前と休業後とで職務内容が異なっていないこと、③休業前と休業後とで勤務する事業所が同一であること、のいずれにも該当する場合には、「原職相当職」と評価されます。

Q5 臨時に採用した労働者（代替要員）の雇用管理について教えてください。

A

(1)育児休業等をする労働者の業務を処理するために臨時に採用した労働者（代替要員）の雇用管理については、休業取得者の養育していた子の死亡等により休業が終了した場合の取扱いに関し、以下の点に留意します。

①代替要員の雇用期間が確定日付で定められているような場合、休業取得者が職場復帰したとしても、代替要員の雇用期間の終了前に雇用契約を終了させることはできません

②代替要員の雇用期間が確定日付で定められ、かつ、休業取得者が職場復帰した場合には雇用契約を終了させる旨の留保条件が付されている場合、代替要員の雇用期間の終了前に雇用契約を終了させることは可能と考えられますが、この場合においても労働基準法第20条の解雇予告の規定は適用されます

(2)代替要員に予期せぬ不利益を与えないよう、あらかじめ雇用契約の内容を明確にします。

4 育児休業の取得状況の公表

Q6 公表すべき取得の状況とは何ですか？

A

(1)常時雇用する労働者数が1,000人超の事業主は、毎年少なくとも１回、育児休業の取得の状況を公表しなければなりません（令和５年４月１日施行）。

(2)常時雇用する労働者とは正社員、パート、アルバイト等の名称にかかわらず、以下のいずれかに該当する労働者のことです。

①期間の定めなく雇用されている者

②過去１年以上の期間について引き続き雇用されている者又は雇入れの時から１年以上引き続き雇用されると見込まれる者（事実上①と同等と認められる者）

(3)育児休業の取得の状況とは、公表を行う日の属する事業年度の直前の事業年度（公表前事業年度）における、次のいずれかの割合のことです。

①男性の「育児休業等の取得率」＝公表前事業年度に育児休業等[1]を取得した者の数÷公表前事業年度に配偶者が出産した者の数（小数第１位以下切捨て）

②男性の「育児休業等及び育児を目的とした休暇の取得率」＝公表前事業年度に育児休業等を取得した者の数及び小学校就学前の子の育児を目的とした休暇[2]を取得した者の数の合計数÷公表前事業年度に配偶者が出産した者の数（小数第１位以下切捨て）

(3)公表する割合とあわせて算定期間である公表前事業年度の期間及び上記(2)①または②のどちらの割合であるか明示します。

(4)公表は公表前事業年度終了後（おおむね３か月以内）に、インターネットの利用その他の適切な方法[3]で一般の方が閲覧できるように公表します。

※１ 「育児休業等」とは、育児休業、産後パパ育休及び法第23条第２項又は第24条第１項の規定に基づく措置として育児休業に関する制度に準ずる措置が講じられた場合の当該措置によりする休業をいいます。

※２ 「育児を目的とした休暇」は、目的の中に育児を目的とするものであることが明らかにされている休暇制度（例：失効年休の育児目的での使用や、いわゆる「配偶者出産休暇」制度など）。育児休業等及び子の看護休暇、労働基準法上の年次有給休暇を除きます。産後パパ育休とそれ以外の育児休業等を分けて計算する必要はなく、産後パパ育休も含めた育児休業等の取得者数について計算すればよいものです。

※３ 自社のホームページ等のほか、厚生労働省「両立支援のひろば」で公表することも推奨されています。

Q7 出産がなかった場合等はどのようにしますか？

A

(1)配偶者が出産した者の数（分母となるもの）が
　０人の場合は、割合が算出できないため「−」
　と表記します。ただし、事業主の任意で分母と
　なる数及び分子となる取得者の数をあわせて記
　載することは差し支えありません。

(2)育児休業を分割して２回取得した場合や、育児
　休業と育児を目的とした休暇制度の両方を取得
　した場合等であっても、当該休業や休暇が同一
　の子について取得したものである場合は、１人
　として数えます。

(3)事業年度をまたがって育児休業を取得した場合
　には育児休業を開始した日を含む事業年度の取
　得、分割して複数の事業年度において育児休業
　等を取得した場合には最初の育児休業等の取得

のみを計算の対象とします。

(4)育児を目的とした休暇を出産予定日前の期間の
　み取得し、出産予定日以後に取得していない場
　合は計算から除外します。

(5)配偶者が出産した又は育児休業等を取得した期
　間を定めて雇用される者のうち、育児・介護休
　業法上、育児休業等の対象とならない者は、計
　算から除外して差し支えありません。事業所の
　労使協定に基づき育児休業等の対象から除外さ
　れている者は計算に含めます。

(6)子が死亡した場合や、公表前事業年度の末日時
　点で育児休業等や育児を目的とした休暇制度を
　取得した者が退職している場合は、当該労働者
　は分母及び分子の計算から除外します。

5　短時間勤務制度（３歳未満の子の養育）

 Q8 育児休業や子の看護休暇のほかに、子を養育するために
事業主が講じる制度として何が必要ですか？

A

(1)事業主は、３歳に満たない子を養育する労働者
　について、労働者が希望すれば利用できる、所
　定労働時間を短縮することにより当該労働者が
　就業しつつ子を養育することを容易にするため
　の措置（短時間勤務制度）を講じなければなり
　ません。

(2)短時間勤務制度の対象となる労働者は、次のす
　べてに該当する労働者です。

　①１日の所定労働時間が６時間以下[※1]でない

　②日々雇用される者でない

　③短時間勤務制度が適用される期間に現に育児
　　休業（産後パパ育休含む）をしていない

　④労使協定による次の適用除外に該当しない

　　ア）その事業主に継続して雇用された期間が
　　　　１年に満たない労働者

　　イ）１週間の所定労働日数２日以下の労働者

　　ウ）業務の性質又は業務の実施体制に照らし
　　　　て、短時間勤務制度を講ずることが困難な
　　　　業務に従事する労働者（「Q10」参照）

(3)短時間勤務制度は、１日の所定労働時間を原則
　として６時間[※2]とする措置を含むものとしな
　ければなりません。

(4)これらの「措置」は、短時間勤務制度が就業規
　則等に規定される等、制度化された状態になっ
　ていることをさし、運用で行われているだけで
　は不十分とされます。

※1　「１日の所定労働時間が６時間以下」とは、１か月
　　又は１年単位の変形労働時間制の適用される労働者につ
　　いては、すべての労働日の所定労働時間が６時間である
　　ことをいい、対象となる期間を平均した場合の１日の所
　　定労働時間をいうものではありません。

※2　「１日の所定労働時間を原則として６時間」とは、
　　所定労働時間の短縮措置は、１日の所定労働時間を６時
　　間とすることを原則としつつ、通常の所定労働時間が７

時間45分である事業所において短縮後の所定労働時間を5時間45分とする場合などを勘案し、短縮後の所定労働時間について、1日5時間45分から6時間までを許容する趣旨です。なお、1日の所定労働時間を6時間とする措置を設けた上で、その他、例えば1日の所定労働時間を7時間とする措置や、隔日勤務等の所定労働日数を短縮する措置など所定労働時間を短縮する措置をあわせて設けることも可能であり、労働者の選択肢を増やす上で望ましいとされています。

■育児短時間勤務申出書

社内様式11

育児短時間勤務申出書

社長　殿

[申出日] 令和 5 年 4 月 6 日
[申出者] 所属　営業課
　　　　　氏名　緒方　智花子

　私は、育児・介護休業等に関する規則（第19条）に基づき、下記のとおり育児短時間勤務の申出をします。

記

1　短時間勤務に係る子の状況	(1) 氏名	緒方　正之
	(2) 生年月日	令和4年5月23日
	(3) 本人との続柄	長男
	(4) 養子の場合、縁組成立の年月日	
	(5) (1)の子が、特別養子縁組の監護期間中の子・養子縁組里親に委託されている子・養育里親として委託された子の場合、その手続きが完了した年月日	
2　1の子が生まれていない場合の出産予定者の状況	(1) 氏名 (2) 出産予定日 (3) 本人との続柄	
3　短時間勤務の期間	令和 5 年 5 月 22 日から 6 年 3 月 30 日	
	※ 9 時 30 分から 16 時 30 分まで	
4　申出に係る状況	(1) 短時間勤務開始予定日の1か月前に申し出て	いる・いない→申出が遅れた理由 〔　　　　　　　　　　　　　〕
	(2) 1の子について短時間勤務の申出を撤回したことが	ない・ある 再度申出の理由 〔　　　　　　　　　　　　　〕

（注）3-※欄は、労働者が個々に労働する時間を申し出ることを認める制度である場合には、必要となります。

■育児短時間勤務取扱通知書

社内様式13

〔(育児)・介護〕短時間勤務取扱通知書

緒方　智花子　殿

令和 5 年 4 月 12 日
会社名　前後工務店株式会社

　あなたから 令和 5 年 4 月 6 日に 〔(育児)・介護〕短時間勤務の申出がありました。育児・介護休業等に関する規則（第19条及び第20条）に基づき、その取扱いを下記のとおり通知します（ただし、期間の変更の申出があった場合には下記の事項の若干の変更があり得ます。）。

記

1　短時間勤務の期間等	・適正な申出がされていましたので申出どおり 令和 5 年 5 月 22 日から 令和 6 年 3 月 30 日まで短時間勤務をしてください。 ・申し出た期日が遅かったので短時間勤務を開始する日を　　　　年　　　月　　　日にしてください。 ・あなたは以下の理由により対象者でないので短時間勤務をすることはできません。 〔　　　　　　　　　　　　　　　　　　　　　　　　　　　　　　　　　　　　　　　〕 ・今回の措置により、介護短時間勤務ができる期限は、　　　　年　　　月　　　日までで、残り（　　）回になります。
2　短時間勤務期間の取扱い等	(1) 短時間勤務中の勤務時間は次のとおりとなります。 　　始業（ 9 時 30 分）　　　終業（ 16 時 30 分） 　　休憩時間（ 12 時 00 分～ 13 時 00 分（60 分）） (2) （産後 1 年以内の女性従業員の場合）上記の他、育児時間 1 日 2 回 30 分の請求ができます。 (3) 短時間勤務中は原則として所定時間外労働は行わせません。 (4) 短時間勤務中の賃金は次のとおりとなります。 　　　1　基本賃金 　　　2　諸手当の額又は計算方法 (5) 賞与及び退職金の算定に当たっては、短時間勤務期間中も通常勤務をしたものとみなして計算します。
3　その他	お子さんを養育しなくなる、家族を介護しなくなる等あなたの勤務に重大な変更をもたらす事由が発生したときは、なるべくその日に 人事 課あて電話連絡をしてください。この場合の通常勤務の開始日については、事由発生後 2 週間以内の日を会社と話し合って決定していただきます。

Q9 「短時間勤務制度」はどのように行いますか？

(1)短時間勤務制度の手続については、一義的には事業主が定めることが可能ですが、適用を受けようとする労働者にとって過重な負担を求めることにならないよう配慮しつつ、育児休業や所定外労働の制限など育児・介護休業法に定めるほかの制度に関する手続も参考にしながら適切に定めることが求められます※。

(2)事業主は、労働者がこれらの措置の適用を容易に受けられるようにするため、あらかじめ、当該措置の対象者の待遇に関する事項を定め、こ

れを労働者に周知させるための措置を講ずるように配慮します。

(3)事業主は、当該措置を講ずるにあたっては、労働者が就業しつつその子を養育することを実質的に容易にする内容とすることに配慮します。

※　例えば、育児休業等と同様に、所定労働時間の短縮措置の適用を受けるためには1か月前までに申し出なければならない、とすることは、問題ないと考えられます。一方、適用期間を1か月単位とすることは、ほかの制度が基本的に労働者の申し出た期間について適用されることを踏まえれば、望ましくないと考えられます。

Q10 「短時間勤務制度を講ずることが困難と認められる業務に従事する労働者」とは何ですか？

(1)例えば次に掲げる業務で、業務の性質又は業務の実施体制に照らして、短時間勤務制度を講ずることが困難と認められる業務が該当します。

①国際路線等に就航する航空機において従事する客室乗務員等の業務

②労働者数が少ない事業所で、当該業務に従事しうる労働者数が著しく少ない業務

③制度の対象とすることに次のような困難があると認められる業務

　ア）流れ作業方式による製造業務であって、短時間勤務の者を勤務体制に組み込むことが困難

　イ）交替制勤務による製造業務であって、短時間勤務の者を勤務体制に組み込むことが

困難

　ウ）個人ごとに担当する企業、地域等が厳密に分担されていて、他の労働者では代替が困難

(2)ただし、上記の規定は例示であり、例えばすでに1日6時間の短時間勤務制度が導入されている場合など、短時間勤務制度を講ずることが客観的に見て困難と認められない業務については、制度の対象外とすることはできないとされています。

(3)また、上記に例示されている業務であっても、労使の工夫により、できる限り適用対象とすることが望ましいとされています。

Q11 「時短」の趣旨について教えてください。

(1)育児休業から復帰し、又は育児休業をせずに、雇用を継続する労働者にとっては、ある程度心身が発達する3歳に達するまでの時期は子の養

育に特に手がかかる時期であり、とりわけ保育所に子どもを預ける場合における送り迎えなど、子育ての時間を確保することが雇用を継続

するために重要です。

⑵短時間勤務制度（時短）は、3歳に満たない子を養育する労働者であって育児休業をしていないもの（1日の所定労働時間が短い労働者を除く）に関して、所定労働時間を短縮することにより当該労働者が就業しつつ子を養育することを容易にするための措置（育児のための所定労働時間の短縮措置）を講ずる義務を事業主に課したものです。

⑶なお、育児のための所定労働時間の短縮措置の利用と、所定外労働の制限の請求とを同時に行うことは可能です。

6　短時間勤務制度が困難な場合の措置

Q12　「始業時刻変更等の措置」とはどのようなものですか？

A

⑴事業主は、短時間勤務制度について、「業務の性質又は業務の実施体制に照らして、所定労働時間の短縮措置を講ずることが困難と認められる業務に従事する労働者」として労使協定により適用除外とされた労働者に関して、育児休業に関する制度に準ずる措置又は「始業時刻変更等の措置」を講じます。

⑵「始業時刻変更等の措置」としては、次のいずれかの措置があります。
　①フレックスタイムの制度
　②始業又は終業の時刻を繰上げ又は繰下げる制度（時差出勤の制度）
　③労働者の3歳に満たない子に係る保育施設の

設置運営その他これに準ずる便宜の供与※

⑶事業主は、労働者がこれらの措置の適用を容易に受けられるようにするため、あらかじめ、当該措置の対象者の待遇に関する事項を定め、これを労働者に周知させるための措置を講ずるよう配慮します。

⑷事業主は、当該措置を講ずるにあたっては、労働者が就業しつつその子を養育することを実質的に容易にする内容のものとすることに配慮します。

※　「その他これに準ずる便宜の供与」には、労働者からの委任を受けてベビーシッターを手配し、その費用を負担することなどが含まれます。

7　小学校就学までの措置

Q13　小学校就学の始期に達するまでの子を養育する労働者に関して、どのような措置が必要ですか？

A

⑴事業主は、小学校就学の始期に達するまでの子を養育する労働者について、労働者の区分に応じて定める制度又は措置に準じて、必要な措置を講ずるよう努力します。

⑵労働者の区分及び区分に応じた必要な措置は次のとおりです。
　①1歳に満たない子を養育する労働者で育児休業をしていない者

　　ア）始業時刻変更等の措置※1
　②1歳から3歳に達するまでの子を養育する労働者
　　ア）育児休業に関する制度
　　イ）始業時刻変更等の措置
　③3歳から小学校就学の始期に達するまでの子を養育する労働者
　　ア）育児休業に関する制度

イ）所定外労働の制限に関する制度
ウ）短時間勤務制度
エ）始業時刻変更等の措置

(3)「必要な措置」は、法に定める制度又は措置と必ずしも同一の措置であることを要しませんが、労働者がその適用を受けるかどうかを選択できるものであること及び男女が対象となることなど、考え方を共通にする必要があると考えられます。

(4)事業主は、育児に関する目的で利用できる休暇制度（育児目的休暇制度）を設けるよう努力します。

(5)上記(4)の「育児に関する目的で利用できる休暇制度」とは、いわゆる配偶者出産休暇や、入園式、卒業式などの行事参加も含めた育児にも利用できる多目的休暇などが考えられます[※2]。

[※1] 「始業時刻変更等の措置」としては、①フレックスタイムの制度、②始業又は終業の時刻を繰上げ又は繰下げる制度（時差出勤の制度）、③労働者の養育する子に係る保育施設の設置運営、その他これに準ずる便宜の供与のいずれかの措置があります。

[※2] いわゆる失効年次有給休暇の積立による休暇制度の一環として「育児に関する目的で利用できる休暇」を措置することも含まれます。

■育児目的休暇取得申出書

社内様式14

育児目的休暇取得申出書

総務部長　殿

［申出日］令和 6 年 3 月 4 日
［申出者］所属　品質管理部
　　　　　氏名　和田　秀年

　私は、育児・介護休業等に関する規則（第 29 条）に基づき、下記のとおり育児目的休暇取得の申出をします。

記

1．取得日

令和 6 年 3 月 25 日（月曜日）から 　　年 3 月 25 日（月曜日）まで 1 日間

（注1）当日、電話などで申し出た場合は、出勤後すみやかに提出してください。

※　こちらは参考様式です。
　　育児・介護休業法上、育児目的休暇について申出要件・手続きに定めはありません。

8 ハラスメントの防止措置等

Q14 ハラスメントの防止に関する措置は必要ですか？

A

(1)事業主は、育児休業、介護休業その他の子の養育又は家族の介護に関する制度又は措置の申出・利用に関する言動により、労働者の就業環境が害されることがないよう、労働者からの相談に応じ、適切に対応するために必要な体制の整備その他の雇用管理上必要な措置を講じます。

(2)職場において、上司又は同僚による育児休業等の制度又は措置の申出・利用に関する言動により就業環境が害されること（育児休業等に関するハラスメント）を防止するため、事業主は、労働者からの相談に応じ、適切に対応するために必要な体制の整備その他の雇用管理上必要な措置を講じます。

(3)対象となる制度又は措置は、育児休業、産後パパ育休、介護休業、子の看護休暇、介護休暇、所定外労働の制限、時間外労働の制限、深夜業の制限、所定労働時間の短縮措置等です。

(4)対象となる労働者は、パートタイム労働者、契約社員などの有期雇用労働者を含む、事業主が雇用するすべての男女労働者です。また、派遣労働者については、派遣元事業主のみならず、派遣先事業主も自ら雇用する労働者と同様に、措置を講ずる必要があります。

Q15 妊娠、出産等に関するハラスメントとはどのようなものですか？

A

(1)「妊娠、出産等に関するハラスメント」とは、上司・同僚から行われる以下のものがあります。なお、業務分担や安全配慮等の観点から、客観的に見て、業務上の必要性にもとづく言動によるものについては、職場における妊娠、出産等に関するハラスメントには該当しません。

①女性労働者の産前休業や、その他の妊娠・出産に関する制度・措置の利用に関する言動により就業環境が害されるもの

②女性労働者が妊娠・出産したこと、その他の妊娠・出産に関する言動により就業環境が害されるもの

(2)平成29年1月1日から、「育児休業等に関するハラスメントの防止措置」と同じく、「妊娠、出産等に関するハラスメントの防止措置」を講ずることも事業主の義務となりました（男女雇用機会均等法）。

Q16 適切に対応するために必要な体制とはどのようなものですか？

A

(1)事業主は、労働者からの相談・苦情に応じ、適切に対応するために必要な体制整備を講じることとされています（96頁参照）。

(2)事業主は、相談窓口をあらかじめ定め、労働者に周知します。相談窓口担当者は、相談に対し、その内容や状況に応じ適切に対応※できるようにします。

(3)育児休業等に関するものだけでなく、その他のハラスメントの相談窓口と一体的に相談窓口を設置し、相談も一元的に受け付ける体制を整備

することが望ましいとされています。

(4)なお、事業主は、育児休業等の制度や措置の利用について労働者が事業主に相談を行ったことを理由として、労働者に対して解雇その他不利益な取扱いをしてはなりません。

(5)また、事業主による相談への対応に協力した際に事実を述べたことを理由として、不利益な取扱いをしてはなりません。

※ 被害を受けた労働者が萎縮するなどして相談を躊躇する例もあること等も踏まえ、相談者の心身の状況や当該言動が行われた際の受け止めなどその認識にも配慮しながら、職場における育児休業等に関するハラスメントが現実に生じている場合だけでなく、その発生のおそれがある場合や、ハラスメントに該当するか否か微妙な場合等であっても、広く相談に対応し、適切な対応を行うようにします。

Q17 職場におけるハラスメントとして他にどのようなものがありますか？

A

(1)育児休業等に関するハラスメントの防止措置と同様に、妊娠・出産等に関するハラスメント、セクシュアルハラスメント、及びパワーハラスメント※の防止措置を講ずることが、事業主の義務となっています。

(2)男女雇用機会均等法及び労働施策総合推進法においても、相談等を理由とする解雇その他の不利益取扱いが禁止されています。

※ パワーハラスメントについては令和4年4月より中小を含む事業主に防止措置が義務付けられています。

Q18 労働者の転勤について留意することはありますか？

A

(1)事業主は、労働者の配置の変更で就業の場所の変更を伴う転勤をさせようとする場合において、当該労働者の育児や介護の状況に配慮し、労働者が育児や介護を行うことが困難とならないよう意を用いなければなりません。

(2)配慮することの内容としては、例えば以下の事柄のほかにも様々な配慮が考えられます。

①その労働者の子※の養育又は家族の介護の状況を把握する
②労働者本人の意向を斟酌する
③就業場所の変更を行う場合は、子の養育又は家族の介護の代替手段の有無の確認を行う

※ 転勤の配慮の対象となる労働者が養育する子には、小学生や中学生も含まれます。

Q19 退職する者について留意することはありますか？

A

(1)事業主は、妊娠、出産若しくは育児又は介護を理由として退職した者※に対して、必要に応じ、再雇用特別措置その他これに準ずる措置を実施するよう努めます。

(2)「再雇用特別措置」とは、退職の際に、将来その就業が可能になったときに退職前の事業主に再び雇用されることの希望を有する旨の申出をしていた者について、事業主が労働者の募集又は採用に当たって特別の配慮をする措置をいいます。

※ 対象労働者は男女の別を問いません。

■相談・苦情への対応の流れの例

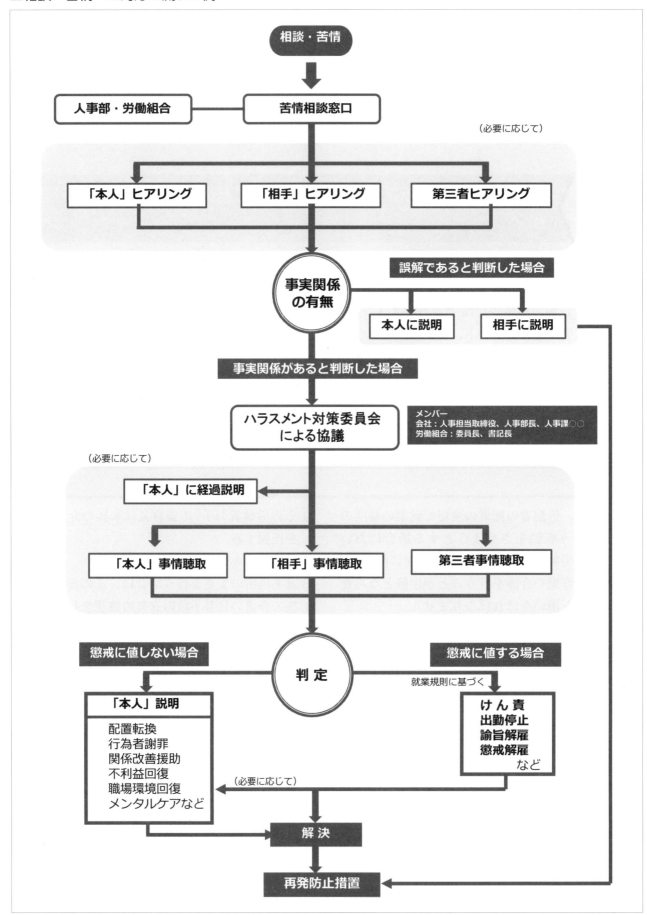

資料出所：厚生労働省「職場におけるパワーハラスメント対策が事業主の義務になりました！」

(2)育児休業給付の届出

Ⅰ 産前産後 (1)

Ⅰ 産前産後 (2)

Ⅱ 育児休業 (1)

Ⅱ 育児休業 (2)

Ⅲ 介護休業 (1)

Ⅲ 介護休業 (2)

■育児休業給付の基本的な流れ（事業主経由により行う流れ）

①出生時育児休業給付金を申請する場合

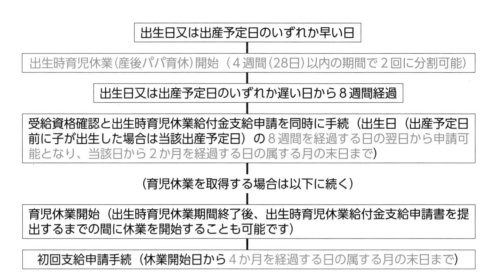

出生日又は出産予定日のいずれか早い日

出生時育児休業（産後パパ育休）開始（４週間（28日）以内の期間で２回に分割可能）

出生日又は出産予定日のいずれか遅い日から８週間経過

受給資格確認と出生時育児休業給付金支給申請を同時に手続（出生日（出産予定日前に子が出生した場合は当該出産予定日）の８週間を経過する日の翌日から申請可能となり、当該日から２か月を経過する日の属する月の末日まで）

（育児休業を取得する場合は以下に続く）

育児休業開始（出生時育児休業期間終了後、出生時育児休業給付金支給申請書を提出するまでの間に休業を開始することも可能です）

初回支給申請手続（休業開始日から４か月を経過する日の属する月の末日まで）

※2回目以降の育児休業支給申請については②のフロー図と同様となります。
※休業取得時に、あらかじめ退職が確定（予定）している場合は、支給の対象となりません。
※出生時育児休業を取得せず、育児休業を取得することも可能です。
※出生後8週間を超える期間や4週間を超える期間の休業を希望する場合は、育児休業の申出を行います。

②出生時育児休業給付金を申請しない場合

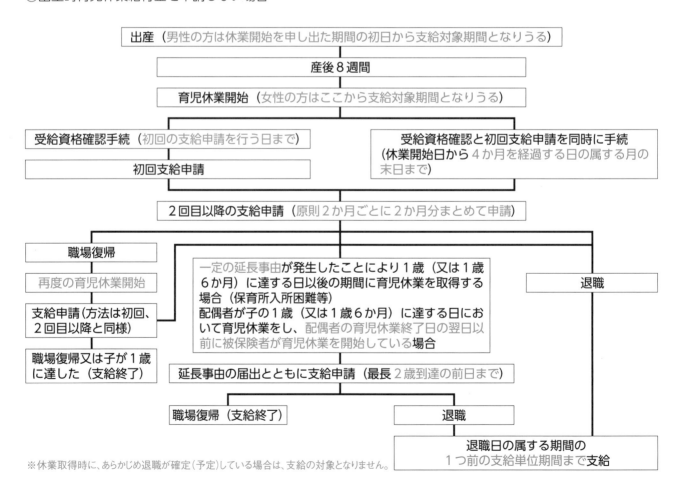

出産（男性の方は休業開始を申し出た期間の初日から支給対象期間となりうる）

産後８週間

育児休業開始（女性の方はここから支給対象期間となりうる）

受給資格確認手続（初回の支給申請を行う日まで）

受給資格確認と初回支給申請を同時に手続（休業開始日から４か月を経過する日の属する月の末日まで）

初回支給申請

２回目以降の支給申請（原則２か月ごとに２か月分まとめて申請）

職場復帰

再度の育児休業開始

支給申請（方法は初回、２回目以降と同様）

職場復帰又は子が１歳に達した（支給終了）

一定の延長事由が発生したことにより１歳（又は１歳６か月）に達する日以後の期間に育児休業を取得する場合（保育所入所困難等）
配偶者が子の１歳（又は１歳６か月）に達する日において育児休業をし、配偶者の育児休業終了日の翌日以前に被保険者が育児休業を開始している場合

退職

延長事由の届出とともに支給申請（最長２歳到達の前日まで）

職場復帰（支給終了）

退職

退職日の属する期間の１つ前の支給単位期間まで支給

※休業取得時に、あらかじめ退職が確定（予定）している場合は、支給の対象となりません。

1. 出生時育児休業給付金

● 育児休業給付には育児休業給付金（次節で解説）と出生時育児休業給付金があります。

● 子の出生後8週間の期間内に合計28日を限度に出生時育児休業（産後パパ育休）を取得した場合、一定の要件を満たすと出生時育児休業給付金の支給を受けることができます。

1 支給対象者

Q1 出生時育児休業給付金の支給対象者は誰ですか？

A

(1)出生時育児休業（通称「産後パパ育休」）を取得した被保険者で、次のいずれにも該当する場合は、事業所の所在地を管轄するハローワークに対して、受給資格確認手続を行うことにより、出生時育児休業給付金の確認を受けることができます。

①子の出生日から8週間を経過する日の翌日までの期間内に、4週間（28日）以内の期間を定めて、当該子を養育するための出生時育児休業を取得した被保険者であること[※1]

ア）ここでいう「出生時育児休業」とは、「出生日又は出産予定日のうち早い日」から「出生日又は出産予定日のうち遅い日から8週間を経過する日の翌日まで」の期間内に4週間（28日）までの範囲で取得するものをいいます。また、職場復帰を前提に取得するものをいい、休業取得時に退職が確定（予定）している休業は支給の対象となりません。

イ）産後休業（出生日の翌日から8週間）は出生時育児休業給付金の対象外です。また、産後6週間を経過した場合であって、当該被保険者の請求により、8週間を経過する前に産後休業を終了した場合であっても、産後8週間を経過するまでは、産後休

業とみなされます。

ウ）育児をする子は実子・養子を問いません。

エ）有期雇用労働者も支給対象となります。

②出生時育児休業を開始した日の前2年間に、賃金支払基礎日数が11日以上ある（ない場合は就業している時間数が80時間以上の）完全月[※2]が12か月以上あること

(2)この受給資格を満たした被保険者であって、出生時育児休業中に支払われた賃金の額が、休業開始時賃金日額[※3]×休業期間の日数に比べて80%未満である等、支給要件を満たした場合に、出生時育児休業給付金を受けることができます。

(3)有期雇用労働者の場合には、上記(1)の①②に加え、休業開始時において、子の出生日（出産予定日前に子が出生した場合は出産予定日）から8週間を経過する日の翌日から6か月を経過する日までに、その労働契約の期間（労働契約が更新される場合は更新後のもの）が満了することが明らかでないことが必要です。

※1　出生時育児休業は同一の子について2回まで分割して取得できます。

※2　過去に基本手当の受給資格や高年齢受給資格の決定を受けたことのある方については、基本手当の受給資格決定や高年齢受給資格決定を受けた後のものに限ります。

※3　休業開始時賃金日額については「2．育児休業給付金」の「Q2」を参照。

2　支給要件

 Q2 出生時育児休業給付金の支給要件を教えてください。

A

(1)出生時育児休業給付金は、出生時育児休業期間について、次の要件をすべて満たしている場合に支給されます。

①出生時育児休業期間の初日から末日まで継続して被保険者資格を有している

②出生時育児休業期間の就業日数が10日以下である※。10日を超える場合は就業している時間が80時間以下

③出生時育児休業中の就労に対して事業主から支払われた賃金が、休業開始時の賃金月額の80％未満

(2)休業中の就業時間数の取扱いや賃金の取扱いは育児休業給付金と異なるので留意が必要です。

※　休業期間が28日間より短い場合は、その日数に比例して短くなります。

 Q3 休業期間が 28 日間より短い場合はどうなりますか？

A

(1)産後パパ育休の休業中に就業日がある場合は、就業日数が最大10日（10日を超える場合は就業している時間数が80時間）以下である場合に、給付の対象となります。これは、28日間の休業を取得した場合の日数・時間です。休業日数が28日より短い場合は、その日数に比例して短くなります。

(2)休業日数が28日より短い場合は、例えば次の日数・時間になります。

①14日間の休業➡最大5日（5日を超える場合は40時間）

②10日間の休業➡最大4日（4日を超える場合は約28.57時間）[10日×10÷28≒3.57（端数切り上げ）⇒4日、80時間×10÷28≒28.57時間]

(3)出生時育児休業期間中に就業した時間を合計した際に生じた分単位の端数は切り捨てます。また、出生時育児休業を分割して取得する場合は、それぞれの期間ごとに端数処理を行います。

 Q4 「出生時育児休業中の就労に対して事業主から支払われた賃金」とは何ですか？

A

(1)出生時育児休業期間を含む賃金月分として支払われた賃金のうち、基本給等の労働した日・時間により算定され支払われる賃金（勤務日数に応じて支払われる通勤手当を含む）については、出生時育児休業期間中の賃金の基礎となった日数・時間に応じて支払われた額とし、家族手当等の労働した日または時間にかかわらず一定額が支払われる賃金は含めません。

(2)月給制等により、出生時育児休業期間を含む賃金月において、賃金が減額されなかった場合には、支払われた賃金額に出生時育児休業取得日数を乗じて得た額を、出生時育児休業期間を含む賃金月の賃金支払対象期間の日数（賃金支払基礎日数）で除し（小数点以下切り捨て）、当該額を「出生時育児休業期間を対象とする賃金」とします。

3 支給額

Q5 支給金額はどのように計算しますか？

A

(1)休業期間中の就労に対して賃金が【支払われていない場合】は、「支給額＝休業開始時賃金日額×休業期間の日数（28日が上限）×67％[1]」です。

(2)休業期間中の就労に対して事業主から賃金が【支払われている場合】は、賃金に応じた次のいずれかです。

①支払われた賃金が「休業開始時賃金日額×休業期間の日数」の13％以下の場合➡支給額＝休業開始時賃金日額×休業期間の日数×67％

②同13％超～80％未満の場合➡支給額＝休業開始時賃金日額×休業期間の日数の80％相当額と賃金の差額

③同80％以上の場合➡支給額＝支給されません

(3)なお、賃金日額上限額により支給額を算出し、減額される場合や支給されない場合もあります。令和4年10月から[2]の休業開始時賃金日額の上限額は15,190円、下限額は2,657円です。

[1] 給付率について、出生時育児休業給付金が支給された日数は、育児休業給付の支給率67％の上限日数である180日に通算されます。181日目以降は支給率50％となります。

[2] 上限額は毎年8月1日に変更される場合があります。

Q6 支給額の算出事例を教えてください。

A

(1)【事例1】休業開始時の賃金日額が7,000円であって14日間の出生時育児休業を取得した場合（休業開始時賃金日額×休業期間の日数＝98,000円★）は次の①～③の通りです。

①支給対象期間中に賃金が支払われていない場合➡支給額＝7,000円×14日×67％＝65,660円

②この期間に3日労働して賃金21,000円が支払われた場合（★の13％～80％）→14日分の賃金日額の80％＝7,000円×14日×80％＝78,400円➡支給額＝78,400円－21,000円＝57,400円

③この期間分の賃金として8万円支払われた場合（★の80％以上）➡支給されません

(2)【事例2】休業開始時賃金日額が16,000円であって14日間の出生時育児休業を取得した場合は以下の通りです。賃金日額には上限額（令和4年10月現在15,190円）があるため、この場合の賃金日額は15,190円です。したがって、「休業開始時賃金日額×休業期間の日数」＝15,190円×14日間＝212,660円☆となります。

①支給対象期間中に賃金が支払われていない場合➡支給額＝15,190円×14日×67％＝142,482円

②この期間に3日労働して賃金48,000円が支払われた場合（☆の13％～80％未満）→休業開始時賃金日額の80％＝15,190円×14日×80％＝170,128円➡支給額＝170,128円－48,000円＝122,128円

③この期間分の賃金として20万円支払われた場合（☆の80％以上）➡支給されません

4　受給申請手続

Q7　出生時育児休業給付金の手続きはどのようにしますか？

⑴雇用する被保険者が出生時育児休業を開始したときは、次の手続が必要です[1]。

　①届出書類…「雇用保険被保険者休業開始時賃金月額証明書（育児）」（「賃金月額証明書」）、「育児休業給付受給資格確認票・出生時育児休業給付金支給申請書」（「受給資格確認票・出生時支給申請書」）[2]

　②提出期間…子の出生日（出産予定日前に子が出生した場合は、当該出産予定日）から8週間を経過する日の翌日から提出可能となり、当該日から2か月を経過する日の属する月の末日まで[3]

　③届出先…事業所の所在地を管轄するハローワーク

　④持参するもの…

　　ア）賃金台帳、労働者名簿、出勤簿、タイムカード、育児休業申出書、育児休業取扱通知書など出生時育児休業を開始・終了した日、賃金の額及び支払状況を証明することができるもの

　　イ）母子健康手帳、医師の診断書（分娩（出産予定証明書））等の出産予定日及び出産日を確認することができるもの（いずれも写しで可）

⑵被保険者が出生時育児休業を開始した場合は、受給資格確認票・出生時支給申請書を提出する日までに「賃金月額証明書」を、事業所の所在地を管轄するハローワークに提出します。

⑶出生時育児休業給付金の受給資格がある場合は「出生時育児休業給付金支給決定通知書」が交付されます。支給額が算定されたときは、支給額が記載され、不支給決定されたときは、不支給の理由が記載されます。また、受給資格がない場合は、「育児休業給付受給資格否認通知書」が交付されます。これらの通知書は、必ず被保険者に渡します。

[1]　受給資格の確認申請及び出生時育児休業給付金の支給申請は育児休業給付金支給申請と異なり同時に行う必要があります。

[2]　受給資格確認票・出生時支給申請書は、マイナンバーを記載して提出します。

[3]　休業期間を対象とする賃金がある場合は、当該賃金が支払われた後に提出します。

2. 育児休業給付金

●雇用保険の被保険者が育児休業を取得した場合、一定の要件を満たすと、雇用保険から育児休業給付金の支給を受けることができます。

●支給を受けるための手続は事業主が公共職業安定所（ハローワーク）で行います。

1 支給対象者

Q1 ▶ 育児休業給付金の支給対象者は誰ですか？

A

(1) 1歳[※1]未満の子を養育する被保険者で、次のいずれにも該当する場合は、事業所の所在地を管轄する公共職業安定所（ハローワーク）に受給資格確認手続を行うことにより、育児休業給付金の確認を受けることができます。

① 1歳未満の子を養育するために「育児休業」を取得した被保険者であること[※2]

　ア）ここでいう「育児休業」とは、職場復帰を前提に取得するものをいい、休業取得時に退職が確定（予定）している休業は支給の対象となりません。

　イ）育児休業対象者は男女を問いません。

　ウ）育児をする子は実子・養子を問いません。

　エ）有期雇用労働者も支給対象となります。

② 育児休業を開始した日の前2年間に、賃金支払基礎日数が11日以上ある完全月[※3]が12か月以上[※4]あること。この要件を満たさない場合、産前休業開始日等[※5]を起算点として、その日の前2年間に賃金支払基礎日数（就労日数）が11日以上ある完全月が12か月以上あること。

(2) この受給資格の確認を受けた被保険者であって、育児休業中に支払われた賃金の額が、休業開始時の賃金月額に比べて、80％未満である等、支給要件を満たした場合に、育児休業給付金を受けることができます。

(3) 有期雇用労働者の場合には、上記(1)の①②に加え、休業開始時において、同一事業主のもとで子が1歳6か月までの間[※6]に、その労働契約（労働契約が更新される場合にあっては、更新後のもの）が満了することが明らかでないことが必要です。

※1　「パパ・ママ育休プラス制度」を利用する場合は1歳2か月、保育所における保育の実施が行われない等の場合は1歳6か月又は2歳。

※2　職場復帰後、同一の子について原則2回の育児休業までは育児休業給付金の支給対象。

※3　過去に基本手当の受給資格や高年齢受給資格の決定を受けたことのある方については、基本手当の受給資格決定や高年齢受給資格決定を受けた後のものに限ります。

※4　賃金支払基礎日数が11日以上の月が12か月ない場合は、完全月で賃金の支払の基礎となった時間数が80時間以上の月を1か月として取り扱います。

※5　産前休業を開始する日前に子を出生した場合は、「当該子を出生した日の翌日」、産前休業を開始する日前に当該休業に先行する母性保護のための休業をした場合は「当該先行する休業を開始した日」を起算点とします。

※6　保育所における保育の実施が行われない等により、子が1歳6か月後の期間について育児休業を取得する場合は、1歳6か月後の休業開始時において2歳までの間。

2　支給対象期間

Q2　休業開始時賃金月額とは何ですか？

A

(1)原則、育児休業開始前[1] 6か月間の賃金を180で除した額が「賃金日額」となり、支給日数を30日とした場合の「休業開始時賃金日額×支給日数」が賃金月額となります。

(2)なお、賃金月額には、次のとおり上限額及び下限額があります。算定した額が上限額を超える場合は上限額に、算定した額が下限額を下回る場合には下限額となります。

令和4年8月1日からの上限額と下限額[2]

上限額 455,700円

下限額 79,710円

[1]　産前・産後休業を取得した場合は、原則として産前・産後休業開始前。

[2]　上限額及び下限額は、毎年8月1日に変更される場合があります。

Q3　支給の要件を教えてください。

A

(1)育児休業開始日から起算して1か月ごとに区切った場合[*]の各期間（支給単位期間）について、次の要件をすべて満たしている場合に支給対象（支給対象期間）となります。

　①支給単位期間の初日から末日まで継続して雇用保険の被保険者資格を有していること

　②支給単位期間に、就業していると認められる日数が10日以下であること

　③支給単位期間に支給された賃金額が、休業開始時の賃金月額の80％未満であること

(2)支給単位期間について、10日を超える場合にあっては、就業していると認められる時間が80時間以下であることが必要です。

(3)育児休業終了等により、1か月に満たない支給単位期間については、就業していると認められる日数が10日以下であるとともに、育児休業による全日休業日が1日以上あれば、当該要件を満たします。また、この全日休業日には、日曜日・祝祭日のような事業所の所定労働日以外の日を含みます。

(4)同一の子について分割して育児休業を取得する場合、2回目の育児休業に係る支給単位期間は、当該2回目の休業開始日又は当該休業開始日の応当日から、それぞれその翌月の応当日の前日までの1か月ごとです。応答日がない場合はその月の月末を応答日とみなします。

※　区切られた1か月の間に育児休業終了日又は子が1歳に達する日が含まれる場合は、その育児休業終了日又は子が1歳に達する日の前日まで。

Q4 ▷ 支給単位期間に支給された賃金とは何ですか？

(1)「Q3」の(1)③の「支給単位期間に支給された賃金」とは、「その期間に支払日のあるもの」をいいます。

(2)ただし、育児休業期間外を対象としているような賃金や対象期間が不明確な賃金は含めず、原則として育児休業期間中を対象としていることが明確な賃金の額のみとなります。

Q5 ▷ 支給対象となる育児休業期間について教えてください。

(1)育児休業給付金の支給対象となる育児休業期間は、育児休業開始日から、育児休業に係る子が1歳に達する日（1歳の誕生日の前日）の前日までの期間（1歳の誕生日の前々日まで）です。

(2)また、一定の要件を満たしたとき（パパ・ママ育休プラス制度を利用する場合）は1歳2か月に達する日の前日までの期間、さらに一定の要件（保育所における保育の実施が行われない等の場合）を満たしたときは1歳6か月（又は2歳）に達する日の前日までの期間です。

(3)満1歳（1歳2か月、1歳6か月又は2歳）に達する日より前に育児休業を終了したときは、育児休業を終了した日までの期間です。

(4)なお、育児休業給付金の支給を受けた場合、その支給期間については、雇用保険の基本手当及び高年齢求職者給付金の所定日数に係る算定基礎期間（所定給付日数を決定するための基礎となる期間）からは除かれる取扱いとなっています。

3 支給額

Q6 ▷ 支給金額はどのように計算しますか？

(1)育児休業給付金の各支給単位期間ごとの支給額は、原則として、「賃金月額（休業開始時賃金日額×支給日数）×67％」です。

(2)「休業開始時賃金日額」は、原則、育児休業開始前（産前産後休業を取得した被保険者が育児休業を取得した場合は産前産後休業開始前）6か月間の賃金※を180日で除した額です（「Q2」）。

(3)「支給日数」は、休業終了日がある月は実際の日数（暦日数）、その他は30日となります。

(4)算出した「賃金月額」が455,700円を超える場合は455,700円、79,710円を下回る場合は79,710円となります（令和4年8月1日からの額）。

(5)育児休業開始から6か月（支給日数180日）経過後は、支給率「67％」は「50％」となります。

※ 当該休業を開始した日前の2年間に完全な賃金月が6か月に満たない場合は、賃金の支払いの基礎となった時間数が80時間以上である賃金月6か月の間に支払われた賃金（臨時に支払われる賃金と3か月を超える期間ごとに支払われる賃金を除く）。

Q7　賃金支払がある場合はどのように取り扱われますか？

A

(1)支給単位期間中にＱ６「賃金月額」の13％（６か月経過後30％）を超える賃金支払いがある場合には、賃金額に応じた調整が行われます。80％以上の場合は支給されません。

(2)具体的には、賃金額が「休業開始時賃金月額」の13％（６か月経過後30％）を超えて80％未満の場合、育児休業給付金額は「休業開始時賃金月額の80％－賃金額」として計算されます。

賃金が休業開始時賃金日額×支給日数の

・13％（６か月経過後30％）以下の場合
……賃金日額×支給日数の67％（６か月経過後50％）相当額を支給

・13％（６か月経過後30％）を超えて80％未満の場合
……賃金日額×支給日数の80％相当額と賃金の差額を支給

・80％以上の場合……支給されません

■育児休業給付金の算定例

A　休業開始時の賃金日額7,000円（賃金月額21万円）		B　賃金日額16,000円（月48万円）：上限額に該当 →休業開始時の賃金日額15,190円（賃金月額455,700円）	
支給単位期間の賃金額	賃金月額と支給単位期間の賃金額の比 育児休業給付金の支給額	支給単位期間の賃金額	賃金月額と支給単位期間の賃金額の比 育児休業給付金の支給額
①支払いなし	6か月経過前：13％以下 ■支給額：7,000円×30日×67％＝140,700円	①支払いなし	6か月経過前：13％以下 ■支給額：15,190円×30日×67％＝305,319円
	6か月経過後：30％以下 ■支給額：7,000円×30日×50％＝105,000円		6か月経過後：30％以下 ■支給額：15,190円×30日×50％＝227,850円
②6万円	6か月経過前：13％超〜80％未満 ●休業開始時賃金月額の80％： 　7,000円×30日×80％＝168,000円 ■支給額：168,000円－60,000円＝108,000円	②30万円	6か月経過前：13％超〜80％未満 ●休業開始時賃金月額の80％： 　15,190円×30日×80％＝364,560円 ■支給額：364,560円－300,000円＝64,560円
	6か月経過後：30％以下 ■支給額：7,000円×30日×50％＝105,000円		6か月経過後：30％超〜80％未満 ■支給額：64,560円（6か月経過前と同じ）
③17万円	80％以上　→　支給されません	③37万円	80％以上　→　支給されません

4 受給申請手続

Q8 育児休業給付金の手続はどのように行いますか？

A

(1)雇用する被保険者が育児休業を開始したときは、受給資格確認のため次の手続が必要です。

①届出書類…「雇用保険被保険者休業開始時賃金月額証明書（育児）」（「賃金月額証明書」）（様式例⇒112頁）、「育児休業給付受給資格確認票・（初回）育児休業給付金支給申請書」（「受給資格確認票※1」）（様式例⇒113頁）

②提出期限…受給資格確認手続のみ行う場合、初回の支給申請を行う日まで。受給資格の確認と初回支給申請を同時に行う場合には、休業開始日から、当該日から起算して4か月を経過する日の属する月の末日まで

③届出先…事業所の所在地を管轄する公共職業安定所（ハローワーク）

④持参するもの…

ア）受給資格の確認手続のみ行う場合

○育児を開始した日やその前の賃金支払状況を証明できる書類（賃金台帳等）

○出産日、出産予定日及び育児の事実を確認できる書類（母子健康手帳等）

イ）初回申請も同時に行う場合

○アの書類及び対象育児休業期間中の賃金支払状況等を証明できる書類（賃金台帳等）

(2)上記(1)の①の「賃金月額証明書」を提出する際は、「受給資格確認票」を添付します※2。

(3)育児休業給付金の受給資格がある場合は「育児休業給付受給資格確認通知書」（「確認通知書」）及び次回使用すべき「育児休業給付金支給申請書」が交付されます。

(4)また、受給資格がない場合は「育児休業給付受給資格否認通知書」（「否認通知書」）が交付されます。事業主は、これらの通知書を、（受給資格を確認した場合は支給申請書とともに）被保険者に渡します。

(5)「育児休業給付次回支給申請日指定通知書（事業主通知用）」は、次回支給申請期間を指定するもので、事業主に通知されます。

※1 受給資格確認票はマイナンバーを記載して提出します。
※2 初回の育児休業給付金の申請以前に、同一の子に係る育児休業について出生時育児休業給付金か育児休業給付金の支給を受けている場合は、「賃金月額証明書」の提出は不要です。

■育児休業給付次回支給申請日指定通知書

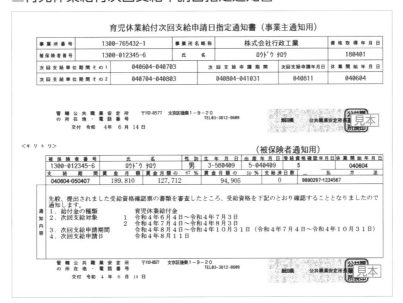

Q9　支給申請の手続はどのように行いますか？

(1)雇用する被保険者が受給資格の確認を受けたときは、以下の手続により、育児休業給付金の支給を受けることができます。

①届出書類…「育児休業給付金支給申請書」（「支給申請書」）

②提出期限…支給対象期間の初日から起算して４か月を経過する日の属する月の末日まで（「次回支給申請日指定通知書（事業主通知用）」に印字されています）

③届出先…事業所の所在地を管轄する公共職業安定所（ハローワーク）

④持参するもの…賃金台帳、出勤簿（タイムカード）等、支給申請書に記載した賃金額等が確認できる書類

(2)育児休業給付金は、各支給単位期間について、「支給要件」を満たした場合に支給されます。ただし、あらかじめ支給を受けられないことが明らかである場合であっても、支給申請書の表題を「次回支給申請期間指定届」と変更して提出してください。これにより、その次の支給対象期間と支給申請期間の指定を受けることとなります。

(3)支給申請は、原則として２か月ごとに行います。なお、支給申請の期限は、支給対象期間の初日から起算して４か月を経過する日の属する月の末日までの期間となっています（「次回支給申請日指定通知書（事業主用）」に印字されています）※。

(4)同一の子について分割して育児休業を取得する場合、２回目の育児休業に係る支給単位期間は、当該２回目の休業開始日又は当該休業開始日の応当日から、それぞれその翌月の応当日の前日までの１か月ごとです。この場合、改めて受給資格の確認を行う必要はありませんが、育児休業給付受給資格確認票・（初回）支給申請書により申請します。

※　被保険者本人が希望する場合、１か月に一度、支給申請を行うことも可能です。

Q10　育児休業給付金はどのように受け取りますか？

(1)支給申請後は、支給の可否及び支給額を記載した「育児休業給付金支給決定通知書」と次回の支給申請の際に使用する「育児休業給付金支給申請書」が交付されるので、事業主は、必ず被保険者に対して交付します。被保険者本人へ郵送で交付される場合には、事業主は、被保険者本人から「育児休業給付次回支給申請日指定通知書」を受け取ります。

(2)支給決定された給付金は、支給決定日（支給決定通知書に印字されています）の翌日から銀行等の営業日で数えておおむね５日後に、申請者本人が指定した金融機関の本人名義の普通預金（貯金）口座に振り込まれます。振込者名は「コウセイロウドウショウ　ショクギョウアンテイキョク」となります（金融機関によっては、振込者名の表示が途切れて短くなる場合があります）。

5 受給の終了

Q11 育児休業給付金の受給中に離職した場合はどうなりますか？

A

(1)受給中に離職した場合

　原則として、離職日の属する支給単位期間は支給されず、その直前の支給単位期間までで終了となります。ただし、離職日が支給単位期間の末日の場合は、離職日を含む期間も支給されます。

　また、支給単位期間の途中で1日の空白もなく転職等をし、引き続き育児休業を取得する場合は、転職後の事業主からの支給申請により、支給対象となりえます。

(2)その他

　①受給中に本人が死亡したとき

　　死亡した日の属する支給単位期間の前の支給単位期間まで※について、生計を同じにしていた遺族の方が支給申請を行うことができます（未支給育児休業給付）。

　　この請求は、死亡した日の翌日から起算して6か月以内にする必要があります。

②不正を行ったとき

　本来は、育児休業給付を受けることができないにもかかわらず、不正な手段により育児休業給付の支給を受け、又は受けようとした場合（実際に受けたか否かを問いません）は、不正受給の処分を受けることとなります。

　このような場合、不正受給した金額の3倍の金額を納めなければならず、これらの支払いを怠った場合は、財産の差し押さえが行われる場合がありますので、支給申請書の記載内容をよく確かめたうえ、提出します。

　また、事業主が虚偽の支給申請書等を提出した場合等は、事業主も本人と連帯して処分等を受けることとなります。

※　死亡日が支給単位期間の末日の場合は、死亡日を含む支給単位期間まで。

6 1歳以降の給付金

Q12 1歳2か月まで支給対象となる場合（パパ・ママ育休プラス）も給付金はありますか？

A

(1)父母ともに育児休業を取得する場合の育児休業取得期間の延長、いわゆる「パパ・ママ育休プラス制度」を利用して育児休業を取得する場合には、以下の①～③すべてに該当する場合に、一定の要件を満たせば、子が1歳2か月に達する日の前日まで、最大1年間育児休業給付金が支給されます。

　①育児休業開始日が、当該子が1歳に達する日の翌日以前である場合

　②育児休業開始日が、当該子に係る配偶者（事実婚を含む。以下同じ）が取得している育児休業期間の初日以後である場合

　③配偶者が当該子の1歳に達する日以前に育児休業を取得していること

(2)上記(1)の②③の配偶者の育児休業には、配偶者が、国家公務員、地方公務員などの公務員であり、当該配偶者が育児休業を取得した場合も含みます。

(3)父の休業の場合は、育児休業給付金を受給できる期間の上限は1年間となります。母の休業の場合は、出産日（産前休業の末日となります）と産後休業期間と育児休業給付金を受給できる期間を合わせて1年間が上限となります。

Q13 パパ・ママ育休プラスの延長申請について教えてください。

A

(1)延長申請は、原則として子が1歳に達する日を含む支給単位期間に係る支給申請時までに、支給申請書に、配偶者の育児休業取得の有無、配偶者の雇用保険被保険者番号（雇用保険の被保険者である場合）を記載してください。

(2)受給資格確認や支給申請の際の確認書類に加えて、下記の書類を提出します。

　①被保険者の配偶者であることが確認できる書類

　　ア）世帯全員について記載された住民票の写し

　　イ）民生委員の証明書等（事実上婚姻関係と同様の事情にある者であるとき）

　②被保険者の配偶者の育児休業の取得を確認できる書類※

　　ア）配偶者の育児休業取扱通知書の写し

　　イ）（「ア」がない場合）配偶者の疎明書（任意の様式）等配偶者の育児休業の取得を確認できる書類

※　支給申請書に配偶者の雇用保険被保険者番号が記載されており、配偶者の育児休業給付受給の有無を確認できる場合は②の書類を省略することができます。

Q14 保育所に入れないために育児休業を延長した場合、育児休業給付金は受けられますか？

A

(1)保育所※1における保育の実施が行われないなど、次のいずれかの「延長事由」に該当し、子が1歳に達する日以後の期間に育児休業を取得する場合は、1歳6か月（又は2歳）に達する日前まで育児休業給付金の支給対象になります。

　①育児休業の申出に係る子について、保育所での保育の実施を希望し、申込みを行っているが、その子が1歳（又は1歳6か月）に達する日後の期間について、当面その実施が行われない場合

　②常態として育児休業の申出に係る子の養育を行っている配偶者で、その子が1歳（又は1歳6か月）に達する日後の期間について常態としてその子の養育を行う予定であった人が次のいずれかに該当した場合

　　ア）死亡したとき

　　イ）負傷、疾病又は身体上若しくは精神上の障害により育児休業の申出に係る子を養育することが困難な状態になったとき

　　ウ）婚姻の解消その他の事情により配偶者が育児休業の申出に係る子と同居しないこととなったとき

　　エ）6週間（多胎妊娠の場合は14週間）以内に出産する予定か、又は産後8週間を経過しないとき（産前休業を請求できる期間又は産前休業期間及び産後休業期間）

　③当該被保険者の他の休業が終了した場合※2

(2)「パパ・ママ育休プラス制度」の利用で休業終了予定日とされた日がその子の1歳2か月に達する日である場合は、その子が1歳2か月に達する日後から1歳6か月に達する日前までの期間が支給対象期間となります。

(3)育児休業の延長事由があり、かつ、夫婦交替で育児休業を取得する場合、1歳から1歳6か月と1歳6か月～2歳の各期間中、夫婦それぞれ1回に限り育児休業給付金の支給対象となります。

※1　ここでいう保育所には、いわゆる無認可保育施設は含まれません。また、あらかじめ1歳に達する日の翌日について保育所での保育が実施されるよう申込みを行っていない場合は該当しません。

※2　具体的には、当該子にかかる休業が、対象家族に係る介護休業により終了し、その後、介護休業に係る対象家族の死亡、離婚等で当該介護休業が終了したとき等を指します。

Q15 延長の場合にはどのような手続が必要ですか？

(1)次のいずれかの際に「育児休業給付金支給申請書」の「18．支給対象となる期間の延長事由－期間」欄に必要な記載を行い、延長事由の該当が確認できる書類を添えて提出します。

① （子が１歳に達する日前の支給対象期間について）子が１歳に達する日以後最初に提出する際

②子が１歳に達する日以後の日を含む支給対象期間について提出する際

(2)上記「延長事由の該当が確認できる書類」は、

「Q14」の(1)の延長事由により次のとおりです。

①延長事由の①：市町村が発行した保育所等の入所保留の通知書など、当面保育所で保育が行われない事実を証明する書類

②延長事由の②ア）及びウ）：世帯全員が記載された住民票の写し及び母子健康手帳（写しも可）

③延長事由の②イ）：保育を予定していた配偶者の常態についての医師の診断書等

④延長事由の②エ）：母子健康手帳（写しも可）

■育児休業給付金支給申請書

（育児休業給付金支給申請書の記入例）

■雇用保険被保険者休業開始時賃金月額証明書（育児）

雇用保険被保険者	休業開始時賃金月額証明書 所定労働時間短縮開始時賃金証明書	（事業主控）	（介護・育児）

① 被保険者番号	5019－798308－0	③ フリガナ 休業等を開始した者の氏名	オカムラ　ショウコ 岡村　祥子	④休業等を 開始した日の 年　月　日	年　月　日 令和　5　7　17
② 事業所番号	1309－507123－4				

⑤　名　称 事業所所在地 電話番号	南北商会株式会社 東京都足立区中千住1－2－3 (03)4321－1234	⑥休業等を 開始した者の 住所又は居所	〒103-0001 東京都中央区新谷4－3－2 電話番号（　03　）1234－5678

事業主	住所 氏名	東京都足立区中千住1－2－3 南北商会株式会社 代表取締役　千住　太郎

休業等を開始した日前の賃金支払状況等

⑦休業等を開始した日の前日に離職したとみなした場合の被保険者期間算定対象期間	⑧⑦の期間における賃金支払基礎日数	⑨賃金支払対象期間	⑩⑨の基礎日数	⑪賃　金　額			⑫備　考
休業等を開始した日 7月17日				Ⓐ	Ⓑ	計	
6月17日～休業等を開始した日の前日	0日	6月21日～休業等を開始した日の前日	0日	0			自5.4.10 至5.7.16 98日間 産前産後休業 のため、賃金 の支払いなし
3月17日～4月16日	24日	3月21日～4月20日	20日	210,000			
2月17日～3月16日	28日	2月21日～3月20日	28日	280,000			
1月17日～2月16日	31日	1月21日～2月20日	31日	280,000			
12月17日～1月16日	31日	12月21日～1月20日	31日	280,000			
11月17日～12月16日	30日	11月21日～12月20日	30日	280,000			
10月17日～11月16日	31日	10月21日～11月20日	31日	280,000			
9月17日～10月16日	30日	9月21日～10月20日	30日	280,000			
8月17日～9月16日	31日	月　日～月　日					
7月17日～8月16日	31日	月　日～月　日					
6月17日～7月16日	30日	月　日～月　日					
5月17日～6月16日	31日	月　日～月　日					
4月17日～5月16日	30日	月　日～月　日					
3月17日～4月16日	31日	月　日～月　日					
月　日～月　日		月　日～月　日					
月　日～月　日		月　日～月　日					

⑬賃金に関する特記事項		休業開始時賃金月額証明書 所定労働時間短縮開始時賃金証明書 受理 令和　年　月　日 （受理番号　　　号）

⑭(休業開始時における)雇用期間	（イ）定めなし　ロ 定めあり→令和　年　月　日まで（休業開始日を含めて　年　カ月）

※公共職業安定所記載欄

注意
1　事業主は、公共職業安定所からこの休業開始時賃金月額証明書又は所定労働時間短縮開始時賃金証明書（事業主控）（以下「休業開始時賃金月額証明書等」という。）の返付を受けたときは、これを4年間保管し、関係職員の要求があったときは提示すること。
2　休業開始時賃金月額証明書等の記載方法については、別紙「雇用保険被保険者休業開始時賃金月額証明書等についての注意」を参照すること。
3　「休業等を開始した日」とあるのは、当該被保険者が介護休業又は育児休業を開始した日及び当該被保険者が要介護状態にある対象家族を介護するため若しくは小学校就学の始期に達するまでの子を養育するための休業又は当該被保険者がその要介護状態にある対象家族を介護すること若しくは就業しつつその子を養育することを容易にするための所定労働時間短縮措置の適用を開始した日のことである。
　　なお、被保険者が労働基準法の規定による産前・産後休業に引き続いて、育児休業又は小学校就学の始期に達するまでの子を養育するための休業を取得する場合は出産日から起算して58日目に当たる日が、又は当該被保険者が就業しつつその子を養育することを容易にするための所定労働時間短縮措置を適用する場合は当該適用日が、「休業等を開始した日」となる。

社会保険 労務士 記載欄	作成年月日・提出代行者・事務代理者の表示	氏　　名	電話番号

■育児休業給付受給資格確認票・（初回）育児休業給付金支給申請書

■ 第101条の30関係（第1面）

育児休業給付受給資格確認票・（初回）育児休業給付金支給申請書
（必ず第2面の注意書きをよく読んでから記入してください。）

帳票種別 `14405`　1.被保険者番号 `5019-798308-0`　2.資格取得年月日 `4-160201`（元号／年／月／日）

3.被保険者氏名 `岡村　祥子`　フリガナ（カタカナ）`オカムラ　ショウコ`

4.事業所番号 `1309-507123-4`　5.育児休業開始年月日 `5-050717`（元号／年／月／日）　6.出産年月日（3 昭和 4 平成 5 令和）`5-050521`（元号／年／月／日）

8.過去に同一の子について 出生時育児休業または育児休業取得の有無 `　`　9.個人番号 `987654321098`　7.出産予定日 `―`（元号／年／月／日）

10.被保険者の住所（郵便番号）`103-0001`　12.被保険者の電話番号（項目ごとにそれぞれ左詰めで記入してください。）`03`（市外局番）`1234`（市内局番）`5678`（番号）

11.被保険者の住所（漢字）※市・区・郡及び町村名 `中央区新谷`

被保険者の住所（漢字）※丁目・番地 `4-3-2`

被保険者の住所（漢字）※アパート、マンション名等

13.支給単位期間その1（初日）（末日）`5-050717-0816`（4 平成 5 令和）　14.就業日数 `0`　15.就業時間 `0`　16.支払われた賃金額 `0`

17.支給単位期間その2（初日）（末日）`5-050817-0916`（4 平成 5 令和）　18.就業日数 `0`　19.就業時間 `0`　20.支払われた賃金額 `0`

21.最終支給単位期間（初日）（末日）（4 平成 5 令和）　22.就業日数　23.就業時間　24.支払われた賃金額

25.職場復帰年月日　26.支給対象となる期間の延長事由－期間（事由／元号／年／月／日）

1 保育所における保育が実施されないこと
2 養育を予定していた配偶者の死亡
3 養育を予定していた配偶者の負傷・疾病等
4 養育を予定していた配偶者との婚姻の解消等による別居
5 養育を予定していた配偶者の産前産後休業等
6 他休業事由の消滅

27.配偶者育休取得　28.配偶者の被保険者番号　29.育児休業再取得理由（1 他休業事由の消滅 2 配偶者等の事由 3 子や保育の事情 5 延長交替）　31.休業事由の消滅年月日

※公共職業安定所記載欄

30.期間雇用者の継続雇用の見込み　32.延長等否認　33.産後休業表示（休業がある場合に「1」を記入）　34.賃金月額（区分－日額又は総額）（1 日額 2 総額）　35.当初の育児休業開始年月日

36.受給資格確認年月日（4 平成 5 令和）　37.受給資格否認（受給資格ありと判断した場合に「1」を記入）　38.支給申請月（1 奇数月 2 偶数月）　39.次回支給申請年月日

40.支払区分　41.金融機関・店舗コード　口座番号　42.未支給区分（空欄 未支給以外 1 未支給）

（この用紙は、このまま機械で処理しますので、汚さないようにしてください。）

上記被保険者が育児休業を取得し、上記の記載事実に誤りがないことを証明します。

事業所名（所在地・電話番号）南北商会株式会社　東京都足立区中千住1-2-3　(03)4321-1234
令和 5 年 9 月 19 日　事業主名　代表取締役 千住 太郎

上記のとおり育児休業給付の受給資格の確認を申請します。
雇用保険法施行規則第101条の30の規定により、上記のとおり育児休業給付金の支給を申請します。
令和 5 年 9 月 19 日　公共職業安定所長　殿　フリガナ オカムラ ショウコ　申請者氏名 岡村 祥子

払渡希望金融機関指定届	43.払渡希望金融機関	フリガナ	ホクトウギンコウ チュウオウ		金融機関コード	店舗コード
		名称	北東銀行 中央	本店（支店）	0088	0112
		銀行等（ゆうちょ銀行以外）	口座番号（普通）2345678			
		ゆうちょ銀行	記号番号（総合）　―			

備考	賃金締切日 20日　賃金支払日 当月・翌月 25日　通勤手当 有（毎月・3か月・6か月・）・無	※処理欄	資格確認の可否	可・否		
			資格確認年月日	令和 年 月 日		
			通知年月日	令和 年 月 日		

社会保険労務士記載欄	作成年月日・提出代行者・事務代理者の表示	氏名	電話番号	※	所長	次長	課長	係長	係	操作者

2022. 9

第101条の30関係（第2面）

注　意

1　育児休業給付金は、1歳又は1歳2か月（その子の1歳又は1歳2か月以降の期間等も休業することが雇用の継続のために特に必要と認められる場合（保育所における保育の実施が行われない等）には1歳6か月（その子の1歳6か月以降の期間等も休業することが雇用の継続のために特に必要と認められる場合には2歳））未満の子を養育するための休業を行う被保険者が育児休業給付の受給資格の確認を受けた場合において、原則として、育児休業を開始した日から起算して1か月ごとの各期間について、雇用保険被保険者休業開始時賃金月額証明書の提出により算定された賃金日額に支給日数を乗じた額（注）の80％以上の賃金が支払われていないこと、就業していると認められる日数が10日（10日を超える場合は就業していると認められる時間が80時間）以下であること等を要件として、（賃金日額）×（支給日数）×50%（休業日数（出生時育児休業を含む。）が通算して180日に達するまでの間に限り67%）を限度として支給されます。
　　（注）賃金日額は、原則として休業開始前6か月の賃金を180で除した額であり、支給日数は、一の支給単位期間につき30日（休業終了日の属する支給単位期間については、休業終了日までの日数）です。
　　　なお、育児休業給付金の支給を受けた期間は、基本手当の算定基礎期間から除外されます。
2　育児休業給付の受給資格の確認を受けようとする方は、事業主の方が行う雇用保険被保険者休業開始時賃金月額証明書の提出にあわせて、事業主を経由して事業所の所在地を管轄する公共職業安定所の長に、この育児休業給付受給資格確認票・（初回）育児休業給付金支給申請書を提出してください。
　　ただし、やむを得ない理由のため事業主を経由して提出することが困難である場合には、申請者本人が提出することができます。
3　また、育児休業給付金の支給申請を事業主を経由して行う場合には、この用紙により、初回の育児休業給付金の支給申請を受給資格確認と同時に行うことができます。その場合、事業主の方は、雇用保険被保険者休業開始時賃金月額証明書も同時に提出してください。
4　初回の育児休業給付金の支給申請（育児休業を分割して取得する場合は、それぞれの育児休業における初回の育児休業給付金の支給申請）を受給資格確認と同時に行う場合に限り、この用紙により育児休業給付金の支給申請を行ってください。なお、この用紙は、育児休業給付受給資格確認票としてのみ使用することもできます。
5　育児休業給付受給資格確認票としてのみ使用する場合の記載方法
（1）標題中「（初回）育児休業給付金支給申請書」の文字及び第1面下方の「雇用保険法施行規則第101条の30の規定により、上記のとおり育児休業給付金の支給を申請します。」の文字を抹消してください。
（2）1欄には、被保険者証に記載されている被保険者番号を記載してください。
　　なお、被保険者番号が16桁（上下段で表示されている。）で構成されている場合は、下段の10桁のみを記載してください。
（3）2欄には、資格取得年月日を記載し、年月日の年、月又は日が1桁の場合は、それぞれ10の位の部分に「0」を付加して2桁で記載してください。
　　（例：令和5年4月1日→⑤-050401）
（4）4欄は、事業所番号が連続した10桁の構成である場合は、最初の4桁を最初の4つの枠内に、残りの6桁を「-」に続く6つの枠内にそれぞれ記載し、最後の枠は空欄としてください。
（5）5欄には、被保険者が育児休業を開始した年月日を、2欄の記載要領にしたがって、記載してください。ただし、女性の被保険者が労働基準法の規定による産後休業に引き続いて育児休業を取得する場合は、記載する必要はありません。
（6）6欄には、育児休業に係る子の出産年月日を、2欄の記載要領にしたがって、記載してください。
（7）7欄には、育児休業に係る子の出生日が出産予定日と異なる場合で、出生日前から育児休業を開始している場合に出産予定日を2欄の記載要領にしたがって、記載してください。
（8）9欄には、必ず番号確認と身元確認の本人確認を行った上で、個人番号（マイナンバー）を記載してください。
（9）11欄には、被保険者の住所を、漢字、カタカナ、平仮名及び英数字（英字については大文字体とする。）により明瞭に記載してください。
（10）12欄には、被保険者の電話番号を記載してください。
（11）8欄、13欄から26欄まで及び29欄については記載の必要がありません。
（12）27欄及び28欄は、「パパ・ママ育休プラス」制度により、育児休業に係る子が1歳以降1歳2か月未満までの期間も育児休業を取得する場合のみ記載してください。
　　27欄には、被保険者の配偶者（婚姻の届出をしていないが、事実上婚姻関係と同様の事情にある者を含む。以下同じ。）が同一の子について既に育児休業を取得している（していた）場合に「1」と記載してください。
　　28欄には、27欄に記載した場合に配偶者の被保険者番号を記載してください（配偶者が公務員である場合や被保険者でない場合、不明な場合等は空欄で構いません）。
　　住民票の写し等被保険者の配偶者であることを確認できる書類、（28欄に記載がない場合は）配偶者の育児休業開始日が確認できる書類（配偶者の育児休業取扱通知書の写し、配偶者の疎明書等）をこの支給申請書に添付して提出する必要があります。
6　育児休業給付受給資格確認票・（初回）育児休業給付金支給申請書として使用する場合の記載方法
（1）1欄から7欄まで、9欄から12欄まで並びに27欄及び28欄については、上記5により記載してください。
（2）8欄には、過去に同一の子について出生時育児休業又は育児休業を取得していた場合に「1」と記載してください。
（3）13欄及び17欄には、育児休業開始年月日（女性の被保険者が労働基準法の規定による産後休業（出産年月日の翌日から8週間）の後引き続いて育児休業を取得したときは、出産年月日から起算して58日目に当たる日）から起算して1か月ごとに区分した期間を順に記載してください。ただし、育児休業終了日を含む期間についてはその育児休業終了日までの期間です。
　　なお、申請時点において、すでに育児休業が終了している場合は、最終支給単位期間を含む3か月分の支給単位期間について申請できますので、最終支給単位期間に係る申請については、21欄に記載してください。
　　例　令和5年4月5日に育児休業を開始した場合
　　　支給単位期間その1　⑤-050405-0504
　　　支給単位期間その2　⑤-050505-0604
（4）14欄、18欄及び22欄の就業日数には、各々13欄、17欄及び21欄に記載した支給単位期間において就業した日数を記載してください。
（5）15欄、19欄及び23欄の就業時間には、各々14欄、18欄及び22欄に記載した就業日数が10日を超える場合に各支給単位期間において就業した時間を記載してください。
（6）16欄、20欄及び24欄には、各々13欄、17欄及び21欄に記載した支給単位期間中に支払われた賃金（臨時の賃金、3か月を超える期間ごとに支払われる賃金を除く。）の額を記載してください。なお、その賃金は育児休業期間外を対象とした賃金の額を含めないでください。
　　また、賃金締切日、賃金支払日及び通勤手当に関する事項について備考欄に記載し、併せて賃金に含まれるか判断しかねるものについては、備考欄の下方にその額とその名称を記載し当該支給単位期間に支払われたものかを記載してください。
（7）25欄の「職場復帰月日」は、支給申請時点で被保険者が職場復帰したことにより既に育児休業を終了している場合に、その職場復帰月日を記載してください。
（8）26欄には、育児休業給付金の支給申請に係る子について、その子が1歳に達する日（休業終了予定日がその子の1歳に達する日後である場合は、当該休業終了予定日）又はその子が1歳6か月に達する日後の期間について保育所における保育の実施が行われない等の理由により当該期間について育児休業を取得し、初めて育児休業給付金の支給申請を行う場合に記載してください。この保育の実施が行われない等の理由及び期間については、26欄に記載し、記載内容を確認できる書類をこの支給申請書に添付して提出する必要があります。
（9）29欄には、同一の子について再度育児休業を取得する場合であって、取得回数制限の例外事由がある場合記載してください。
7　記載すべき事項のない欄又は記入枠は空欄のままとし、※印の付いた欄又は記入枠には記載しないでください。
8　申請は正しくしてください。偽りの記載をして提出した場合には、以後育児休業給付を受けることができなくなるばかりでなく、不正に受給した金額の返還とさらにそれに加えて一定の金額の納付を命ぜられ、また、詐欺罪として刑罰に処せられる場合があります。
9　事業主の方は、記載事実に誤りがないことの証明を行ってください。偽りの証明をした場合には、不正に受給した者と連帯して、不正に受給した金額の返還とさらにそれに加えて一定の金額の納付を命ぜられ、また、詐欺罪として刑罰に処せられる場合があります。
10　提出に当たっては、記載内容の確認できる書類を添付してください。育児を行っている事実、支給申請書に記載した賃金額等の記載内容を確認できる賃金台帳、出勤簿等をご持参ください。
11　払渡希望金融機関指定届の記載について
（1）「名称」欄には育児休業給付金の払渡しを希望する金融機関（ゆうちょ銀行を含む。）の名称及び店舗名（ゆうちょ銀行の場合は名称のみ）を記載してください。
（2）「銀行等（ゆうちょ銀行以外）」の「口座番号」欄又は「ゆうちょ銀行」の「記号番号」欄には、被保険者本人の名義の通帳の記号（口座）番号を記載してください。
（3）払渡しできる口座は、金融機関の普通預（貯）金口座に限られます。
（4）手書きで記載する場合には、支給申請書の提出と同時に申請者本人の名義の通帳、キャッシュカードその他の払渡希望金融機関の口座情報を確認できるものを提示してください。
（5）基本手当などの支給を受けるために払渡希望金融機関指定届を提出したことがあり、かつ、引き続き同一の金融機関口座へ振り込まれることを希望する場合には、記載する必要はありません。
12　本手続は電子申請による申請が可能です。
　　なお、本手続について、社会保険労務士が事業主の委託を受け、電子申請により本申請書の提出に関する手続を行う場合には、当該社会保険労務士が当該事業主から委託を受けた者であることを証明するものを本申請書と併せて送信することをもって、当該事業主の電子署名に代えることができます。
13　本手続について、事業主が本申請書の提出に関する手続を行う場合には、当該事業主が被保険者から、当該被保険者本人の申請であることを証明するものを提出させ、保存しておくことをもって、当該被保険者の（電子）署名に代えることができます。この場合の申請者氏名欄には、申請者氏名に代えて「申請について同意済み」と記載してください。

（1）介護休業 Q&A

1. 介護休業の対象となる労働者

● 介護休業の対象となる労働者は、要介護状態にある対象家族を介護する男女労働者です。

● 対象家族の範囲は、配偶者、父母及び子、配偶者の父母、祖父母、兄弟姉妹及び孫です。

● 要件を満たす有期雇用労働者も介護休業をすることができます。

1 介護休業の対象者

Q1 どのような人が介護休業をすることができますか？

A

(1)「介護休業」とは、けがや病気又は障害により、2週間以上の期間にわたり常時介護を必要とする状態（要介護状態）にある対象家族を介護するためにする休業をいいます。

(2)介護休業をすることができるのは、要介護状態にある対象家族を介護する男女の従業員（労働者）です。

(3)日々雇い入れられる者は除かれます。

Q2 対象家族の範囲はどうなっていますか？

A

(1)「Q1」の「対象家族」とは、次の①又は②のいずれかに該当する者をいいます。

　①「配偶者（事実婚を含む）」「父母（養父母を含む）」「子（養子を含む）」「配偶者の父母（養父母を含む）」

　②「祖父母」「兄弟姉妹」「孫」

(2)上記(1)の②については、平成29年1月より、「同居し、かつ扶養」の要件がなくなっています。

■対象家族の範囲

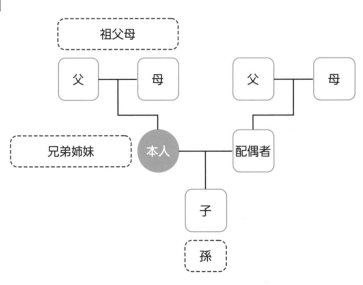

2 有期雇用労働者

Q3 有期雇用労働者も介護休業をすることができますか？

A

(1)有期雇用労働者（期間を定めて雇用される者、有期契約労働者）は、申出時点において、次に該当すれば介護休業をすることができます。

・取得予定日から起算して93日を経過する日から6か月を経過する日までの間に、労働契約（更新される場合には、更新後の契約）の期間が満了することが明らかでないこと

(2)上記(1)の考え方は「育児休業の対象となる労働者」（⇒36頁「Q3」）で説明したとおりです。

(3)上記(1)の要件を満たさないケースは次のア、イのいずれかです。ただし、いずれのケースに該当する場合であっても、雇用の継続の見込みに関する言動、同様の地位にあるほかの労働者の状況、当該労働者の過去の契約の更新状況等の実態を見て判断する必要があります。

ア）書面又は口頭で労働契約の更新回数の上限が明示されており、その上限まで契約が更新された場合の労働契約の期間の末日が、介護休業取得予定日から起算して93日経過日から6か月経過する日の前日までの間である（⇒例1）

イ）書面又は口頭で労働契約の更新をしない旨が明示されており、申出時点で締結している労働契約の期間の末日が、介護休業取得予定日から起算して93日経過日から6か月経過する日の前日までの間である（⇒例2）

(4)労働契約の形式上期間を定めて雇用されている者であっても、当該契約が期間の定めのない契約と実質的に異ならない状態となっている場合には、介護休業の対象となります。

（例1）

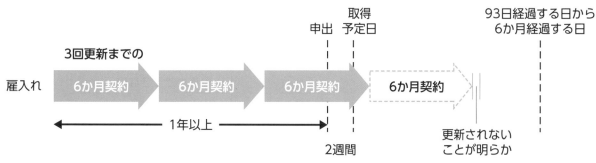

（例2）

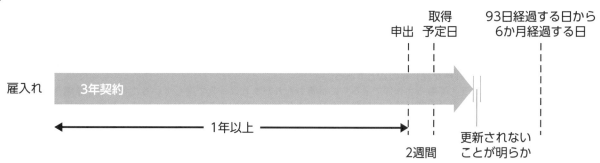

3　要介護状態

Q4 「要介護状態」「常時介護を必要とする状態」とは
具体的にどのような状態ですか？

A

(1)「要介護状態」とは、けがや病気又は障害により、2週間以上にわたり常時介護を必要とする状態をいいます。介護保険制度における「要介護」と必ずしも一致するものではありません。

(2)「常時介護を必要とする状態」とは、以下のア又はイのいずれかに該当する場合をいいます。

ア）介護保険制度の要介護状態区分において要介護2以上であること

イ）下表の状態①～⑫のうち、「2」が2つ以上又は「3」が1つ以上該当し、かつ、その状態が継続すると認められること

項目　　　　　　　　　　　　　状態	1 注1	2 注2	3
①座位保持（10分間一人で座っていることができる）	自分で可	支えてもらえればできる 注3	できない
②歩行（立ち止まらず、座り込まずに5m程度歩くことができる）	つかまらないでできる	何かにつかまればできる	できない
③移乗（ベッドと車いす、車いすと便座の間を移るなどの乗り移りの動作）	自分で可	一部介助、見守り等が必要	全面的介助が必要
④水分・食事摂取	自分で可	一部介助、見守り等 注4 が必要	全面的介助が必要
⑤排泄	自分で可	一部介助、見守り等が必要	全面的介助が必要
⑥衣類の着脱	自分で可	一部介助、見守り等が必要	全面的介助が必要
⑦意思の伝達	できる	ときどきできない	できない
⑧外出すると戻れない	ない	ときどきある	ほとんど毎回ある
⑨物を壊したり衣類を破くことがある	ない	ときどきある	ほとんど毎日ある 注5
⑩周囲の者が何らかの対応をとらなければならないほどの物忘れがある	ない	ときどきある	ほとんど毎日ある
⑪薬の内服	自分で可	一部介助、見守り等が必要	全面的介助が必要
⑫日常の意思決定 注6	できる	本人に関する重要な意思決定はできない 注7	ほとんどできない

注1：各項目の1の状態中、「自分で可」には、福祉用具を使ったり、自分の手で支えて自分でできる場合も含む。

注2：各項目の2の状態中、「見守り等」とは、常時の付き添いの必要がある「見守り」や、認知症高齢者等の場合に必要な行為の「確認」、「指示」、「声かけ」等のことである。

注3：「①座位保持」の「支えてもらえればできる」には背もたれがあれば一人で座っていることができる場合も含む。

注4：「④水分・食事摂取」の「見守り等」には動作を見守ることや、摂取する量の過小・過多の判断を支援する声かけを含む。

注5：⑨3の状態（「物を壊したり衣類を破くことがほとんど毎日ある」）には「自分や他人を傷つけることがときどきある」状態を含む。

注6：「⑫日常の意思決定」とは毎日の暮らしにおける活動に関して意思決定ができる能力をいう。

注7：慣れ親しんだ日常生活に関する事項（見たいテレビ番組やその日の献立等）に関する意思決定はできるが、本人に関する重要な決定への合意等（ケアプランの作成への参加、治療方針への合意等）には、指示や支援を必要とすることをいう。

参考　介護休業における有期雇用労働者について

●有期雇用労働者（期間を定めて雇用される者、有期契約労働者）は、介護休業等に係る取扱いについて、ほかの労働者と以下の表のように異なります。

	労働者 （有期雇用労働者及び日々雇い入れられる者若しくは労使協定により除外される者を除く）	有期雇用労働者
・介護休業	原則取得できる。	申出時点において、次に該当すれば取得できる。 ・取得予定日から起算して93日を経過する日から6か月を経過する日までの間に、労働契約（更新される場合には、更新後の契約）の期間が満了することが明らかでないこと （1.「Q3」参照）
・介護休業の終了予定日前に労働契約の期間が満了する場合に、再度、介護休業の申出	－	現在締結されている労働契約期間の末日まで休業した後、労働契約の更新に伴って更新後の労働契約期間の初日を介護休業開始予定日とする申出をする場合は、再度の申出をすることができる。 その際、2週間前までに申出がなかった場合でも、事業主は開始日の指定をすることはできず、労働者は申出どおりの日から休業を開始できる。 （2.「Q6」、4.「Q4」参照）
・介護休暇 ・所定外労働の制限 ・時間外労働の制限 ・深夜業の制限 ・所定労働時間の短縮等の措置	原則取得できる（受けられる）。	原則取得できる（受けられる）。 育児休業や介護休業と異なり、適用について、別途の要件を課されていない。 （5.「Q4」、6.「Q2」「Q6」「Q9」、7.「Q6」参照）
・介護休業給付	家族を介護するための休業をした雇用保険の被保険者で、介護休業開始日前2年間に、賃金支払基礎日数が11日以上ある完全月が12か月以上ある人が支給対象。 なお、介護休業を開始する時点で、介護休業終了後に離職することが予定されている場合は対象外。	左の条件にくわえて、介護休業開始予定日から起算して93日を経過する日から6か月を経過する日までに、その労働契約（労働契約が更新される場合にあっては、更新後のもの）が満了することが明らかでないことが必要。 （(2)・1.「Q2」参照）

2. 介護休業の申出

- 法律が定める介護休業は、労働者の事業主に対する申出を要件としています。

- 事業主は、「介護休業申出書」と申出方法を定めます。

- 事業主は、介護休業申出がされたときは、休業の期間等を労働者に速やかに通知します。

1　介護休業の申出の概要

Q1　介護休業をするとき、労働者は手続が必要ですか？

A

(1)法律が定める介護休業は、労働者の事業主に対する申出を要件としています。

(2)労働者の申出は、一定の時期に一定の方法（「Q4」参照）によって行います。

(3)労働者は、希望どおりの日から休業するためには、介護休業を開始しようとする日の2週間前までに申し出ることが必要です。これより遅れた場合、事業主は一定の範囲で休業を開始する日を指定することができます。

(4)介護休業は、あらかじめ制度が導入され、就業規則などに記載されるべきものです。

Q2　介護休業は何回申し出ることができますか？

A

(1)申出は、対象家族1人につき3回までであり、申し出ることのできる休業は連続したひとまとまりの期間の休業です。

(2)なお、対象家族について、介護休業をした日数の合計が93日に達している場合は、その対象家族について介護休業をすることはできません。

Q3　介護休業をした日数はどのようにカウントしますか？

A

(1)介護休業をした日数とは、当該対象家族について介護休業をした日数を合算した日数をいいます。

(2)2回以上の介護休業をした場合は、それぞれの介護休業の日数を合算した日をいいます。

(3)介護休業を開始した日から介護休業を終了した日までの日数は、その間の労働日ではない日（事業所の休日）の日数も含めて計算します。

(4)同一の対象家族についてほかの事業主の下で介護休業をしたことがある場合、その他の事業主の下でした介護休業の日数は、介護休業日数には算入しません。

2 介護休業申出書の提出

Q4 労働者はどのような事項を申し出ることが必要ですか？

A

(1)介護休業の申出は、法令が定める次の事項を事業主に書面により申し出ることで行います。事業主が適当と認める場合には、ファックス又は電子メール等[※1]によることも可能です。
　①申出の年月日
　②労働者の氏名
　③申出に係る対象家族の氏名及び労働者との続柄
　④申出に係る対象家族が要介護状態にあること（要介護状態の事実）
　⑤休業を開始しようとする日（介護休業開始予定日）及び休業を終了しようとする日（介護休業終了予定日）

　⑥申出に係る対象家族についてのこれまでの介護休業日数[※2]
(2)事業主は社内規定により、上記事項を盛り込んだ「介護休業申出書」と申出方法を定めます。
(3)上記(1)④の「要介護状態の事実」については、対象家族が2週間以上の期間にわたり常時介護を必要とする状態である旨を記載すれば足りるものとされています。

※1　電子メール等による場合は、労働者が記録を出力することにより書面を作成できるものに限ります。電子メール等には、例えばイントラネット（企業内LAN）、WEBメール（Gmail等）、SNS（LINE、Facebook等）が含まれます。
※2　平成28年12月31日までにした、介護のための所定労働時間の短縮等の措置を利用した日数は含みません。

Q5 事業主は労働者の申出に対し、書類等の提出を求めることができますか？

A

(1)事業主は、労働者に対して申出に係る対象家族が要介護状態にあること等を証明することができる書類の提出を求めることができます。
(2)上記(1)の「証明することができる書類」として利用可能な書類の例は、それぞれの証明すべき事実に応じ以下のとおりです。
　①対象家族と労働者との続柄：住民票記載事項の証明書
　②要介護状態の事実：次のいずれかの書類

　ア）当該対象家族に係る市町村が交付する介護保険の被保険者証
　イ）医師、保健師、看護師、准看護師、理学療法士、作業療法士、社会福祉士又は介護福祉士が交付する要介護状態に関する基準に係る事実を証明する書類
(3)上記(1)の書類は、労働契約の更新に伴う申出の場合に再度の提出を求めることはできません。

Q6 有期雇用労働者が労働契約を更新する場合は再度の申出が必要ですか？

A

(1)有期雇用労働者が介護休業をする場合、現在締結されている労働契約期間の末日まで休業した後、新たな労働契約の更新後の労働契約期間の初日を介護休業開始予定日とする申出をする場

合は、再度の申出をすることができます。
(2)有期雇用労働者が労働契約の更新に伴って申出をする場合に必要な事項はQ4(1)の①、②、⑤のみです。

■介護休業申出書

社内様式6

介護休業申出書

人事部長 殿

[申出日]　令和5年 3 月 3 日
[申出者] 所属　経理課
　　　　　氏名　田中 英継

私は、育児・介護休業等に関する規則（第11条）に基づき、下記のとおり介護休業の申出をします。

記

1　休業に係る家族の状況	(1) 氏名	田中 一郎
	(2) 本人との続柄	実父
	(3) 介護を必要とする理由	要介護度3の認定を受け、自宅にて介護を行うため
2　休業の期間		令和5 年 3 月 27 日から 5 年 4 月 28 日まで （職場復帰予定日　令和5 年 5 月　1 日）
3　申出に係る状況	(1) 休業開始予定日の2週間前に申し出て	⭕いる・いない→申出が遅れた理由〔　　　　　　　〕
	(2) 1の家族について、これまでの介護休業をした回数及び日数	1 回　　　40 日
	(3) 1の家族について介護休業の申出を撤回したことが	⭕ない・ある（　　回） →既に2回連続して撤回した場合、再度申出の理由〔　　　　　　　〕

3　事業主の対応

Q7 申出を受けた事業主はどのような対応が必要ですか？

(1)事業主は、介護休業の申出がされたときは、法令で定める次の事項を労働者に速やかに[※1]通知しなければなりません。通知は、書面によるほか、労働者が希望する場合には、ファックス又は電子メール等[※2]によることも可能です。

①介護休業申出を受けた旨

②介護休業開始予定日（介護休業を開始しようとする日の2週間前までに申出がされず、事業主が休業を開始しようとする日を指定する場合にあっては、当該事業主の指定する日）及び介護休業終了予定日

③申出を拒む場合には、その旨及びその理由

(2)事業主は、社内の規定により、法令が求める事項を盛り込んだ「介護休業取扱通知書」（様式例⇒次頁）を定めます。

(3)介護休業は、労働者が適正に申し出ることにより、事業主の承諾等を要せずして休業できるものであり、この通知がされなかったとしても、適正に申出を行った労働者は介護休業をすることができます。

※1　「速やかに」とは、原則として労働者が介護休業申出をした時点からおおむね1週間以内をいいます。ただし、申出日から開始予定日までの期間が1週間に満たない場合は、開始予定日までに通知をすることが必要です。

※2　電子メール等による場合は、労働者が記録を出力することにより書面を作成できるものに限ります。電子メール等には、例えばイントラネット（企業内LAN）、WEBメール（Gmail等）、SNS（LINE、Facebook等）が含まれます。

■介護休業取扱通知書

社内様式2

〔（出生時）育児・⦅介護⦆〕休業取扱通知書

小林 誠佐子 殿

令和 5 年 9 月 1 日
会社名　大山田設備株式会社

　あなたから 令和 5 年 8 月 28 日に〔（出生時）育児・⦅介護⦆〕休業の 〔⦅申出⦆・期間変更の申出・申出の撤回〕がありました。育児・介護休業等に関する規則（第3条、第4条、第5条、第7条、第8条、第9条、第11条、第12条及び第13条）に基づき、その取扱いを下記のとおり通知します（ただし、期間の変更の申出及び出生時育児休業中の就業日があった場合には下記の事項の若干の変更があり得ます。）。

記

1　休業の期間等	(1)適正な申出がされていましたので申出どおり 令和 5 年 9 月 13 日から 令和 5 年 10 月 12 日まで（出生時育児・育児・⦅介護⦆）休業してください。職場復帰予定日は、令和 5 年 10 月 13 日です。 (2)申し出た期日が遅かったので休業を開始する日を　　年　　月　　日にしてください。 (3)あなたは以下の理由により休業の対象者でないので休業することはできません。 (4)あなたが　　年　　月　　日にした休業申出は撤回されました。 (5)（介護休業の場合のみ）申出に係る対象家族について介護休業ができる日数は通算93日です。今回の措置により、介護休業ができる残りの回数及び日数は、（ 2 ）回（63）日になります。
2　休業期間中の取扱い等	(1) 休業期間中については給与を支払いません。 (2) 所属は 庶務 課のままとします。 (3) ・（出生時）育児休業のうち免除対象者）あなたの社会保険料は免除されます。 　・（介護休業の場合等免除対象外）あなたの社会保険料本人負担分は、 8 月現在で1月約2.5万円ですが、休業を開始することにより、 9 月からは給与から天引きができなくなりますので、月ごとに会社から支払い請求書を送付します。指定された日までに下記へ振り込むか、人事課 に持参してください。 　振込先：品川銀行神田支店普通預金口座1234567　大山田設備株式会社 (4) 税については市区町村より直接納税通知書が届きますので、それに従って支払ってください。 (5) 毎月の給与から天引きされる社内融資返済金がある場合には、支払い猶予の措置を受けることができますので、 人事課 に申し出てください。 (6) 職場復帰プログラムを受講できますので、希望の場合は 人事 課に申し出てください
3　休業後の労働条件	(1) 休業後のあなたの基本給は、 3 級 2 号 211,500 円です。 (2) 令和 5 年 12 月の賞与については算定対象期間に 79 日の出勤日がありますので、出勤日数により日割りで計算した額を支給します。 (3) 退職金の算定に当たっては、休業期間を勤務したものとみなして勤続年数を計算します。 (4) 復職後は原則として 庶務 課で休業をする前と同じ職務についていただく予定ですが、休業終了1か月前までに正式に決定し通知します。 (5) あなたの今年度の有給休暇はあと 8 日ありますので、これから休業期間を除き 令和 6 年 3 月 30 日までの間に消化してください。 　次年度の有給休暇は、今後 49 日以上欠勤がなければ、繰り越し分を除いて 20 日の有給休暇を請求できます。
4　その他	(1) お子さんを養育しなくなる、家族を介護しなくなる等あなたの休業に重大な変更をもたらす事由が発生したときは、なるべくその日に 人事 課あて電話連絡をしてください。この場合の休業終了後の出勤日については、事由発生後2週間以内の日を会社と話し合って決定していただきます。 (2) 休業期間中についても会社の福利厚生施設を利用することができます。

（注）上記のうち、1 (1)から(4)までの事項は事業主の義務となっている部分、それ以外の事項は努力義務となっている部分です。

Q8　法律よりも労働者に有利な条件を設定することはできますか？

A

(1)休業期間、取得回数、対象となる家族の範囲などの事項に関して、法の内容を上回るような制度を定めることは自由であり、事業主に対しても、そのような努力が求められています。

(2)逆に、法律の規定より厳しい条件を設けること等は許されず、このような定めをした就業規則の当該部分は無効と解されます。

3. 事業主の義務

● 事業主は、経営困難や事業繁忙、その他いかなる理由であっても、適法な労働者の介護休業の申出を拒むことはできません。

● ただし、労使協定によって一定の範囲の労働者を対象外とすることができます。

1 申出に対する事業主の義務

Q1 事業者は、労働者の申出を拒むことはできますか？

A

(1)事業主は、要件を満たした労働者の介護休業の申出を拒むことはできません。

(2)要件を満たした介護休業の申出により労働者の労務の提供義務は消滅し、事業の繁忙や経営上の理由等により事業主が労働者の休業を妨げることはできません。

(3)ただし、次のような労働者について介護休業をすることができないこととする労使協定があるときは、事業主は介護休業の申出を拒むことができ、拒まれた労働者は介護休業をすることができません。

①その事業主に継続して雇用された期間が1年に満たない労働者

②その他介護休業をすることができないとすることについて合理的な理由があると認められる労働者

(4)「介護休業をすることができないとすることについて合理的な理由があると認められる労働者」とは次のいずれかの場合をいいます。

①介護休業申出の日から93日以内に雇用関係が終了することが明らかな労働者

②1週間の所定労働日数が2日以下の労働者

2 労使協定による制限

Q2 労使協定を結べば、介護休業をすることができない者の範囲を広げることはできますか？

A

(1)法律は、労使協定を締結した場合に介護休業の対象から除外できる者の範囲の最大限度を示しています。したがって、より狭い範囲の者だけを除外することは可能ですが、逆により広い範囲の者を除外することはできません。

(2)例えば、男性はすべて介護休業の対象から除外する旨の協定を締結することはできません。

(3)また、介護休業の対象となる「常時介護を必要とする状態」については、1.「Q4」の表を参照しつつ、判断することとなります。判断は客観的な事実に基づいて行われる必要があります。

(4)ただし、この基準に厳密に従うことにとらわれて労働者の介護休業の取得が制限されてしまわないように、介護をしている労働者の個々の事情にあわせて、なるべく労働者が仕事と介護を両立できるような柔軟な運用が望まれます。

4. 介護休業の期間

- 介護休業の期間・回数は、対象家族1人につき通算93日・3回までです。

- 労働者は一定の時期までに申し出ることにより、介護休業の期間を延長できます。

- 労働者は介護休業の開始の前日までに申し出ることにより、介護休業の申出を撤回できます。

1 休業期間

Q1 介護休業をすることができる期間は何日ですか？

A

(1)介護休業をすることができるのは、対象家族1人につき、3回まで、通算して93日を限度として、原則として労働者が申し出た期間です。

(2)適正な手続にもとづき労働者から介護休業の申出がされた場合、介護休業期間は、基本的には、申出による介護休業を開始しようとする日から休業を終了しようとする日までです。

(3)ただし、事業主による休業を開始する日の指定や労働者による休業を終了する日の変更の申出があった場合は、その指定や変更の申出の結果、介護休業を開始する日又は介護休業を終了する日となった日になります。

2 休業の申出の撤回

Q2 労働者は介護休業の申出をした後に、その申出を撤回できますか？

A

(1)介護休業の開始の前日までであれば、労働者は介護休業の申出ごとに、介護休業の申出を撤回することができます。

(2)ただし、同じ対象家族について2回連続して介護休業の申出を撤回した場合には、それ以降の介護休業の申出について、事業主は拒むことができます。

(3)つまり、労働者は1回目の申出を撤回した後、2回目の申出による介護休業を取得すれば（1回目の介護休業取得）、3回目の申出も事業主から拒まれることはありません。

(4)しかし、2回目の申出も撤回した場合には、3回目以降の申出については、事業主は拒むことができます（⇒図）。

■介護休業申出撤回届
→「育児休業申出撤回届」の様式を参照（⇒60頁）。

（図）事業主が申出を拒むことができる場合

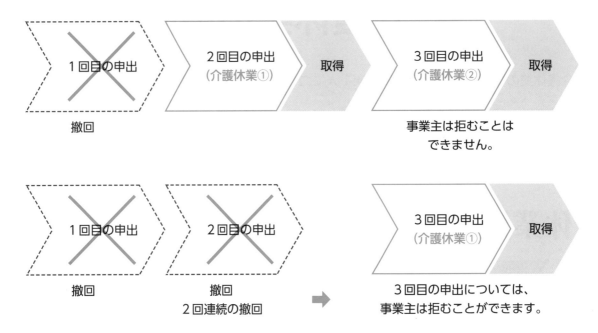

3　申出の期限

Q3 ＞ 希望どおりの日から介護休業をするためには、いつまでに申し出ることが必要ですか？

A

(1)労働者は、希望どおりの日から休業するためには、介護休業を開始しようとする日の２週間前までに申し出ることが必要です。

(2)これより遅れた場合、事業主は一定の範囲で休業を開始する日を指定することができます。

Q4 ＞ 申出が遅れた場合に、事業主が指定できる休業開始日の期間はどうなっていますか？

A

(1)労働者が休業を開始しようとする日が申出の日の翌日から起算して２週間を経過する日（申出の属する週の翌々週の応当日。以下「２週間経過日」）より前の日であるときは、事業主は、労働者が休業を開始しようとする日以後２週間経過日までの間のいずれかの日を休業を開始する日として指定することができます（⇒例）。

(2)有期雇用労働者の介護休業の場合で、一の労働契約期間の末日まで休業した後、労働契約の更新に伴って更新後の労働契約期間の初日を介護休業開始予定日とする申出をする場合には、２週間前までに申出がなかった場合でも、事業主は開始日の指定をすることはできず、労働者は申出どおりの日から休業を開始できます。

(例)

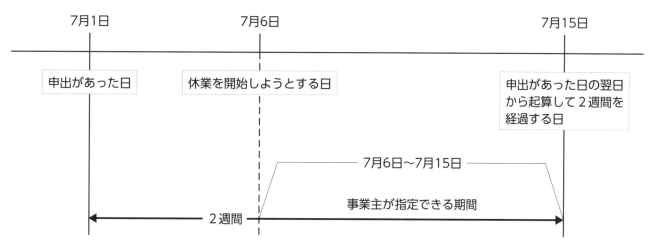

Q5 事業主は、介護休業を開始する日をいつまでに通知しなくてはいけませんか？

A

(1)事業主が介護休業を開始する日を指定する場合は、原則として、申出があった日の翌日から起算して3日を経過する日まで（例えば、7月1日に申出があった場合は、7月4日まで）に指定する日を記載した書面を労働者に交付して行わなければなりません。

(2)なお、申出があった日と労働者が休業を開始しようとする日との間が短いことにより上記の指定では間に合わないときは、労働者が休業を開始しようとする日までに指定しなければなりません。

4 労働者による介護終了予定日の繰下げ

Q6 労働者は、介護休業終了予定日を繰下げ変更し、延長することはできますか？

A

(1)労働者は、一定の時期までに申し出ることにより、事由を問わず、休業を終了する日を繰下げ変更し、介護休業の期間を延長することができます。

(2)介護休業の期間の延長は、1回の申出ごとの休業につき1回に限ります。

(3)介護休業の終了日の繰下げ変更は、法律では最低基準として介護休業1回につき1回の変更を限度としていますが、会社の規定で2回以上の変更ができるように定めることは差し支えありません。また、変更申出が2週間を切っても希望どおりに変更する等、労働者が有利になるように取り扱うことは差し支えありません。

Q7　介護休業を終了する日の繰下げ変更はどのように行いますか？

A

(1)労働者が、介護休業を終了する日の繰下げ変更をする場合は、当初介護休業を終了しようとしていた日の2週間前までに変更の申出をしなければなりません（⇒例）。

(2)介護休業を終了する日の繰下げ変更の申出には、下記の事項を記載した書面の提出が必要です。事業主が適当と認める場合には、ファックス又は電子メール等[※]によることも可能です。

①変更の申出の年月日
②変更の申出をする労働者の氏名
③変更後休業を終了しようとする日

※　電子メール等による場合は、労働者及び事業主が送信する情報を出力することにより書面を作成できるものに限ります。また、電子メール等には、例えば、イントラネット（企業内LAN）、WEBメール（Gmail等）、SNS（LINE、Facebook等）を利用した申出が含まれます。

(例)

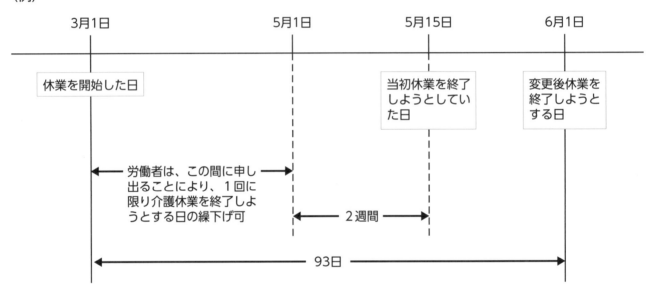

■介護休業期間変更申出書
→「育児休業期間変更申出書」の様式を参照（⇒58頁）。

時期変更については労使であらかじめ話し合いを

　介護休業を開始する日の繰上げ・繰下げ変更や介護休業を終了する日の繰上げ変更は、法律には規定されていませんが、労働者の申出だけでは当然にはできません。このような場合は、変更を希望する労働者と事業主とでよく話し合ってどうするかを決めることになります。労働者が希望した場合には休業期間を変更できる旨の取決めやその手続等をあらかじめ就業規則等で明記しておくことが望ましいと考えられます。

介護休業は「体制を整えるための期間」

　介護休業の期間は、「自分が介護を行う期間」だけでなく、「仕事と介護を両立させるための体制を整えるための期間」としても位置づけられています。

　介護休業期間を介護保険サービスを受けるための準備期間としても活用し、家族の介護をしながら仕事を継続できる体制を整えていきましょう。介護保険サービスなどの利用については、地域包括支援センターが相談に応じています。

5. 介護休暇制度

● 家族の介護や世話をする労働者は、日数の連続した「介護休業」のほかに、1日もしくは時間単位の「介護休暇」を取得することができます。

● 労働者は1年度において5日（対象家族が2人以上の場合は10日）、介護休暇を取得できます。

1 介護休暇制度の概要

Q1 介護休暇制度とはどのような制度ですか？

A

(1)要介護状態にある家族の介護や世話のための休暇を取得しやすくし、介護をしながら働き続けることができるようにするための権利として介護休暇が位置づけられています。

(2)要介護状態にある対象家族の介護や世話をする労働者は、事業主に申し出ることにより、1年度において5日（その介護、世話をする対象家族が2人以上の場合にあっては、10日）を限度

として、介護休暇を取得することができます。

(3)ここでいう「世話」とは、「対象家族の介護」及び「対象家族の通院等の付添い、対象家族が介護サービスの提供を受けるために必要な手続の代行その他の対象家族に必要な世話」をさします。

(4)「要介護状態」「対象家族」は、介護休業と同様です（116頁「Q2」、118頁「Q4」）。

Q2 年次有給休暇とは違うものですか？

A

(1)介護休暇とは、要介護状態にある対象家族の介護や世話を行う労働者に対し与えられる休暇であり、労働基準法第39条の規定による年次有給

休暇とは別に与える必要があります。

(2)なお、介護休暇は、あらかじめ制度が導入され、就業規則などに記載されるべきものです。

2 介護休暇の取得対象労働者

Q3 介護休暇は誰が取得することができますか？

A

(1)介護休暇は、要介護状態にある対象家族の介護や世話をする労働者が、事業主に申し出ること

により取得できます。

(2)日々雇い入れられる者は除かれます。

Q4　事業主は、介護休暇の申出を拒むことができますか？

A

(1)次のような労働者について介護休暇を取得することができないこととする労使協定があるときは、事業主は介護休暇の申出を拒むことができ、拒まれた労働者は介護休暇を取得することができません。
　①その事業主に継続して雇用された期間が6か月に満たない労働者
　②1週間の所定労働日数が2日以下の労働者
　③時間単位で介護休暇を取得することが困難と認められる業務に従事する労働者
(2)上記(1)の①②以外の労働者、例えば、有期雇用労働者やほかに対象家族を介護できる家族がいる労働者等について、介護休暇の取得を拒むことができるとすることはできません。
(3)また、上記(1)の③の労働者がする1日単位での介護休暇の申出は、拒むことはできません。

Q5　「時間単位で介護休暇を取得することが困難と認められる業務」とはどのようなものですか？

A

(1)例えば次に掲げる業務で、業務の性質又は業務の実施体制に照らして、時間単位での取得が困難と認められる業務が該当します。
　①国際路線等に就航する航空機において従事する客室乗務員等の業務
　②長時間の移動を要する遠隔地で行う業務
　③流れ作業方式や交替制勤務による業務
(2)ただし、上記の規定は例示であり、例えばすでに時間単位の介護休暇制度が導入されている場合など、時間単位で介護休暇を取得することが客観的に見て困難と認められない業務については、制度の対象外とすることはできないとされています。
(3)また、上記(1)に例示されている業務であっても、労使の工夫により、できる限り適用対象とすることも望ましいとされています。

3　介護休暇の取得単位

Q6　介護休暇の取得単位はどうなっていますか？

A

(1)介護休暇は、1日単位又は時間単位[※1]で取得することができます。
(2)時間単位で取得する場合の「時間」は、1日の所定労働時間数[※2]に満たない範囲です。休暇を取得する日の所定労働時間数と同じ時間数を取得する場合は、1日単位での取得として取り扱います。

※1　「時間単位」の取得は、令和3年1月施行の制度改正により実施されています（従前は「半日単位」）。
※2　日によって所定労働時間数が異なる場合は、この1日の労働時間数とは、介護休暇を取得しようとする日の所定労働時間のことをいいます。

介護休暇の取得単位に関する規定は、「子の看護休暇」と同様です。
⇒70頁の「Q6」から「Q13」を参照してください。なお、「子の看護休暇」は「介護休暇」と読み替えてください。

4 介護休暇の申出

Q7 ▶ 介護休暇の申出はどのように行いますか？

A

(1)介護休暇の申出は、次の事項を事業主に明らかにすることによって行わなければなりません（様式例⇒次頁）。
①労働者の氏名
②対象家族の氏名及び労働者との続柄
③介護休暇を取得する年月日（1日未満の単位で取得する場合には、介護休暇の開始及び終了の年月日時）
④対象家族が要介護状態にある事実
(2)介護休暇の申出の方法は書面の提出に限定されておらず、口頭での申出も可能です。

Q8 ▶ 介護休暇の申出に対し、事業主は労働者に書面の提出を求めることは可能ですか？

A

(1)事業主は、労働者に対して、「Q7」(1)の②及び④の事実を証明する書類の提出を求めることができます。
(2)ただし、事業主が介護休暇申出をした労働者に対して証明書類の提出を求め、その提出を当該労働者が拒んだ場合にも、介護休暇申出自体の効力には影響がありません。
(3)当日の電話等の申出でも取得を認め、書面の提出等を求める場合は事後となっても差し支えないこととすることが必要です。
(4)介護休暇は要介護状態にある対象家族の介護その他の世話を行うための休暇であることから、証明書類の提出を求める場合には事後の提出を可能とする等、労働者に過重な負担を求めることにならないよう配慮が求められています。
(5)要介護状態にある対象家族の介護の状況、労働者の勤務の状況等が様々であることに対応し、いわゆる「中抜け」の取得を認めたり、時間単位での休暇の取得ができないこととなった労働者であっても、半日単位での休暇の取得を認めたりする等、制度の弾力的な利用が可能となるような配慮も必要です。

▍事業主による申出の拒否は不可

事業主は、経営困難、事業繁忙その他どのような理由があっても労働者の適法な介護休暇の申出を拒むことはできません。また、育児休業や介護休業とは異なり、事業主には介護休暇を取得する日を変更する権限は認められていません。

■介護休暇申出書

社内様式7

〔子の看護休暇・⦅介護休暇⦆〕申出書

総務部長 殿

[申出日] 令和 5 年 7 月 7 日
[申出者] 所属　管理課
　　　　　氏名　若山 清志

　私は、育児・介護休業等に関する規則（第14条及び第15条）に基づき、下記のとおり〔子の看護休暇・⦅介護休暇⦆〕の申出をします。

記

		〔子の看護休暇〕	〔介護休暇〕
1　申出に係る家族の状況	(1) 氏名		若山 徹
	(2) 生年月日		
	(3) 本人との続柄		実父
	(4) 養子の場合、縁組成立の年月日		
	(5) (1)の子が、特別養子縁組の監護期間中の子・養子縁組里親に委託されている子・養育里親として委託された子の場合、その手続きが完了した年月日		
	(6) 介護を必要とする理由		要介護度2の認定を受けているため
2　申出理由	ケアマネジャーとケアプランを相談するため		
3　取得する日	令和 5 年 7 月 13 日 13 時 00 分から　5 年 7 月 13 日 17 時 00 分まで		

4　備　考

令和 5 年 4 月 1 日〜 6 年 3 月 31 日（1年度）の期間において

育児	対象	人	日	介護	対象 1 人 5 日
取得済日数・時間数	日	時間		取得済日数・時間数	0 日 4 時間
今回申出日数・時間数	日	時間		今回申出日数・時間数	0 日 4 時間
残日数・残時間数	日	時間		残日数・残時間数	4 日 0 時間

（注１）当日、電話などで申し出た場合は、出勤後すみやかに提出してください。
　　　　３については、複数の日を一括して申し出る場合には、申し出る日をすべて記入してください。
（注２）子の看護休暇の場合、取得できる日数は、小学校就学前の子が１人の場合は年５日、２人以上の場合は年１０日となります。時間単位で取得できます。
　　　　介護休暇の場合、取得できる日数は、対象となる家族が１人の場合は年５日、２人以上の場合は年１０日となります。時間単位で取得できます。

6. 労働の制限

● 家族の介護を行う労働者は、労働時間が過大にならないよう労働の制限を事業主に請求できます。

● 事業主は事業の正常な運営を妨げる場合を除き、請求のあった労働者に所定外労働（残業）、一定以上の時間外労働及び深夜業をさせてはいけません。

1 所定外労働の制限

Q1 家族の介護を行う労働者は、所定外労働の制限（残業の免除）を受けることができますか？

A

(1)事業主は、要介護状態にある対象家族を介護する労働者が請求した場合においては、事業の正常な運営を妨げる場合を除き、所定労働時間を超えた労働（残業）をさせてはいけません。

(2)「事業の正常な運営を妨げる場合」に該当するか否かは、その労働者の所属する事業所を基準として、その労働者の担当する作業の内容、作業の繁閑、代替要員の配置の難易等諸般の事情を考慮して客観的に判断することとなります。

(3)「要介護状態」「対象家族」は、介護休業と同様です（116頁「Q2」、118頁「Q4」）。

(4)所定外労働の制限は、あらかじめ制度が導入され、就業規則などに記載されるべきものです。

Q2 所定外労働の制限は誰が請求することができますか？

A

(1)要介護状態にある対象家族を介護する労働者が、その対象家族を介護する場合に請求することができます。

(2)日々雇い入れられる者は請求できませんが、有期雇用労働者は請求できます。

(3)また、次のような労働者について、所定外労働の制限を請求することができないこととする労使協定がある場合には対象外とすることができます。

①その事業主に継続して雇用された期間が1年に満たない労働者

②1週間の所定労働日数が2日以下の労働者

Q3 所定外労働の制限の請求はどのように行いますか？

A

(1)制限の請求は、1回につき、1か月以上1年以内の期間について、開始の日及び終了の日を明らかにして、制限開始予定日の1か月前までにしなければなりません。

133

(2)この請求は、何回もすることができます。

(3)また、要介護状態にある対象家族がいる限り、介護終了までの期間について請求できます。

(4)請求は、次の事項を事業主に書面により通知することによって行わなければなりません。事業主が適当と認める場合には、ファックス又は電子メール等※によることも可能です。

①請求の年月日

②労働者の氏名

③請求に係る対象家族の氏名及び労働者との続柄

④請求に係る対象家族が要介護状態にあること

⑤請求に係る制限期間の初日及び末日とする日

(5)事業主は、労働者に対して請求に係る対象家族が要介護状態にあること等を証明する書類の提出を求めることができます。

※　電子メール等による場合は、労働者及び事業主が送信する情報を出力することにより書面を作成できるものに限ります。また、「電子メール等」の「等」には、例えば、イントラネット（企業内ＬＡＮ）、WEBメール（Gmail等）、SNS（LINE、Facebook等）を利用した申出が含まれます。

■介護のための所定外労働制限請求書

社内様式8

〔育児・(介護)〕のための所定外労働制限請求書

総務部長　殿

〔請求日〕令和 5 年 5 月 11 日
〔請求者〕所属　外商課
　　　　　氏名　藤田　実侑

　私は、育児・介護休業等に関する規則（第16条）に基づき、下記のとおり〔育児・(介護)〕のための所定外労働の制限を請求します。

記

		〔育児〕	〔介護〕
1　請求に係る家族の状況	(1) 氏名		藤田　光一
	(2) 生年月日		
	(3) 本人との続柄		義父
	(4) 養子の場合、縁組成立の年月日		
	(5) (1)の子が、特別養子縁組の監護期間中の子・養子縁組里親に委託されている子・養育里親として委託された子の場合、その手続きが完了した年月日		
	(6) 介護を必要とする理由		夫が長期海外出張となり、介護の担い手が1人になったため
2　育児の場合、1の子が生まれていない場合の出産予定者の状況	(1) 氏名 (2) 出産予定日 (3) 本人との続柄		
3　制限の期間	令和 5 年 6 月 1 日から 6 年 3 月 31 日まで		
4　請求に係る状況	制限開始予定日の1か月前に請求をしている・(いない)→請求が遅れた理由 〔　　　　夫が急遽長期の海外出張になったため　　　　〕		

134

Q4 所定外労働の制限はどういう場合に終了しますか？

A

(1)所定外労働の制限の期間は、労働者の意思にかかわらず次の場合に終了します。
　①対象家族を介護しないこととなった場合
　②所定外労働の制限を受けている労働者について産前・産後休業、育児休業、産後パパ育休又は介護休業が始まった場合
(2)「対象家族を介護しないこととなった場合」とは、具体的には次の場合をいいます。
　①対象家族の死亡
　②離婚、婚姻の取消、離縁等による対象家族と

の親族関係の消滅
　③労働者が負傷、疾病等により制限を終了しようとする日までの間対象家族を介護できない状態になったこと
(3)対象家族を介護しないこととなった場合は、労働者はその旨を事業主に通知しなければなりません。
(4)所定外労働の制限の開始前に対象家族を介護しないこととなった場合には、所定外労働の制限の請求はされなかったことになります。

2　時間外労働の制限

Q5 家族の介護を行う労働者は、時間外労働の制限を受けることができますか？

A

(1)事業主は、要介護状態にある対象家族を介護する労働者が、その対象家族を介護するために請求した場合においては、事業の正常な運営を妨げる場合を除き、1か月について24時間、1年について150時間を超える時間外労働（法定時間外労働）をさせてはいけません。
(2)「事業の正常な運営を妨げる場合」に該当するか否かは、その労働者の所属する事業所を基準として、その労働者の担当する作業の内容、作業の繁閑、代替要員の配置の難易等諸般の事情を考慮して客観的に判断することとなります。
(3)「要介護状態」「対象家族」は、介護休業と同

様です（116頁「Q2」、118頁「Q4」）。
(4)時間外労働の制限は、あらかじめ制度が導入され、就業規則などに記載されるべきものです。なお、事業主が労働者に時間外労働をさせるためには、別途労働基準法第36条第1項の規定による時間外労働協定（いわゆる36協定）を締結し、所轄の労働基準監督署長へ届け出ることが必要です。
(5)労働者の意思にかかわらず時間外労働の制限の期間が終了する事由や取扱いは、所定外労働の制限と同様です（「Q4」）。

Q6 時間外労働の制限は誰が請求することができますか？

A

(1)要介護状態にある対象家族を有する労働者が、その対象家族を介護する場合に請求できます。
(2)ただし、次のような労働者は請求できません。

　①その事業主に継続して雇用された期間が1年に満たない労働者
　②1週間の所定労働日数が2日以下の労働者

Q7　時間外労働の制限の請求はどのように行いますか？

A

(1)制限の請求は、1回につき、1か月以上1年以内の期間について、開始の日及び終了の日を明らかにして制限開始予定日の1か月前までにしなければなりません。

(2)この請求は、何回もすることができます。

(3)請求は、次の事項を事業主に書面により通知することによって行わなければなりません。事業主が適当と認める場合には、ファックス又は電子メール等※によることも可能です。

①請求の年月日

②労働者の氏名

③請求に係る対象家族の氏名及び労働者との続柄

④請求に係る対象家族が要介護状態にあること

⑤制限を開始しようとする日及び制限を終了しようとする日

(4)事業主は、労働者に対して請求に係る対象家族が要介護状態にあること等を証明する書類の提出を求めることができます。

※　電子メール等による場合は、労働者及び事業主が送信する情報を出力することにより書面を作成できるものに限ります。また、「電子メール等」の「等」には、例えば、イントラネット（企業内ＬＡＮ）、WEBメール（Gmail等）、SNS（LINE、Facebook等）を利用した申出が含まれます。

■介護のための時間外労働制限請求書

社内様式9

〔育児・⦅介護⦆〕のための時間外労働制限請求書

人事課長 殿

〔請求日〕令和 5 年 5 月 23 日
〔請求者〕所属　経理課
　　　　　氏名　加山 重宏

　私は、育児・介護休業等に関する規則（第17条）に基づき、下記のとおり〔育児・⦅介護⦆〕のための時間外労働の制限を請求します。

記

1　請求に係る家族の状況		〔育児〕	〔介護〕
	(1) 氏名		加山 景子
	(2) 生年月日		
	(3) 本人との続柄		実母
	(4) 養子の場合、縁組成立の年月日		
	(5) (1)の子が、特別養子縁組の監護期間中の子・養子縁組里親に委託されている子・養育里親として委託された子の場合、その手続きが完了した年月日		
	(6) 介護を必要とする理由		要介護度2の認定を受けたため
2　育児の場合、1の子が生まれていない場合の出産予定者の状況	(1) 氏名 (2) 出産予定日 (3) 本人との続柄		
3　制限の期間	令和 5 年 7 月 3 日から 5 年 12 月 28 日まで		
4　請求に係る状況	制限開始予定日の1か月前に請求をして⦅いる⦆・いない→請求が遅れた理由 〔　　　　　　　　　　　　　　　　　　　　　　　　　　〕		

136

3 深夜業の制限

Q8 家族の介護を行う労働者は、深夜業の制限を受けることができますか？

A

(1)事業主は、要介護状態にある対象家族を介護する労働者が、その対象家族を介護するために請求した場合においては、事業の正常な運営を妨げる場合を除き、午後10時から午前5時までの間（以下「深夜」）において労働させてはなりません。

(2)「事業の正常な運営を妨げる場合」に該当するか否かは、その労働者の所属する事業所を基準として、その労働者の担当する作業の内容、作業の繁閑、代替要員の配置の難易等諸般の事情を考慮して客観的に判断することとなります。

(3)「要介護状態」「対象家族」は、介護休業と同様です（116頁「Q2」、118頁「Q4」）。

(4)深夜業の制限は、あらかじめ制度が導入され、就業規則などに記載されるべきものです。

(5)労働者の意思にかかわらず深夜業の制限の期間が終了する事由や取扱いは、所定外労働の制限と同様です（「Q4」）。

Q9 深夜業の制限は誰が請求することができますか？

A

(1)要介護状態にある対象家族を介護する労働者が、その対象家族を介護する場合に請求することができます。

(2)ただし、次のような労働者は請求できません。

　①その事業主に継続して雇用された期間が1年に満たない労働者

　②深夜においてその対象家族を常態として介護することができる同居の家族がいる労働者

　③1週間の所定労働日数が2日以下の労働者

　④所定労働時間の全部が深夜にある労働者※1

(3)上記(2)の②の「深夜においてその対象家族を常態として介護することができる同居の家族」とは、16歳以上の同居の家族であって、次のいずれにも該当する者をいいます。

　①深夜に就業していないこと（深夜における就業日数が1か月について3日以下の場合を含みます）

　②負傷、疾病等により対象家族の介護が困難な状態でないこと

　③6週間※2以内に出産する予定であるか、又は産後8週間を経過しない者でないこと

※1　「所定労働時間の全部が深夜にある労働者」とは、労働契約上、労働すべき時間として定められている時間のすべてが午後10時から午前5時までの間にある労働者をいいます。

※2　多胎妊娠の場合は14週間。

Q10 深夜業の制限の請求はどのように行いますか？

A

(1)制限の請求は、1回につき、1か月以上6か月以内の期間について、開始の日及び終了の日を明らかにして、開始の日の1か月前までにしなければなりません。

(2)この請求は、何回もすることができます。

(3)請求は、次の事項を書面により事業主に通知す

ることによって行わなければなりません。事業主が適当と認める場合には、ファックス又は電子メール等※によることも可能です。

①請求の年月日
②労働者の氏名
③請求に係る対象家族の氏名及び労働者との続柄
④請求に係る対象家族が要介護状態にあること
⑤制限を開始しようとする日及び制限を終了しようとする日

⑥深夜においてその対象家族を常態として介護することができる同居の家族がいないこと

(4)事業主は、労働者に対して請求に係る対象家族が要介護状態にあること等を証明する書類の提出を求めることができます。

※　電子メール等による場合は、労働者及び事業主が送信する情報を出力することにより書面を作成できるものに限ります。また、「電子メール等」の「等」には、例えば、イントラネット（企業内ＬＡＮ）、WEBメール（Gmail等）、SNS（LINE、Facebook等）を利用した申出が含まれます。

■介護のための深夜業制限請求書

社内様式10

〔育児・⦅介護⦆〕のための深夜業制限請求書

社長　殿

〔請求日〕　令和 5 年 6 月 14 日
〔請求者〕所属　総務課
　　　　　氏名　杉田 豊多佳

　私は、育児・介護休業等に関する規則（第18条）に基づき、下記のとおり〔育児・⦅介護⦆〕のための深夜業の制限を請求します。

記

		〔育児〕	〔介護〕
1　請求に係る家族の状況	(1) 氏名		杉田 隆
	(2) 生年月日		
	(3) 本人との続柄		実父
	(4) 養子の場合、縁組成立の年月日		
	(5) (1)の子が、特別養子縁組の監護期間中の子・養子縁組里親に委託されている子・養育里親として委託された子の場合、その手続きが完了した年月日		
	(6) 介護を必要とする理由		認知症状が進んできたため
2　育児の場合、1の子が生まれていない場合の出産予定者の状況	(1) 氏名		
	(2) 出産予定日		
	(3) 本人との続柄		
3　制限の期間	令和 5 年 7 月 1 日から 5 年 12 月 31 日まで		
4　請求に係る状況	(1) 制限開始予定日の1か月前に請求をして　⦅いる⦆・いない→請求が遅れた理由　〔　　　　　　　　　　　　　　　　　　　〕　(2) 常態として1の子を保育できる又は1の家族を介護できる16歳以上の同居の親族が　　　いる・⦅いない⦆		

7. 事業主が講ずべき措置

● 事業主は、介護を行う労働者について、介護を容易にするための措置を講じます。

● 「措置」には「短時間勤務」のほか、「フレックス」「時差出勤」「費用助成」等があります。

● 労働者はこれらの措置を、介護休業とは別に、利用開始から3年の間に2回以上利用できます。

1 あらかじめ定めるべき事項等

介護休業の以下の項目に関する規定は「育児休業」と同様です
・事業主があらかじめ定めるべき事項
・雇用環境の整備、雇用管理・職業能力の開発向上等に関する措置
・ハラスメントの防止措置等
⇒「Ⅱ(1)育児休業Q&A」の「8.事業主が講ずべき措置」を参照してください（⇒84頁）。
　なお、「育児休業」は「介護休業」等と適宜読み替えをお願いします。

2 短時間勤務制度等の措置

Q1 介護休業や介護休暇のほかに、介護を容易にするために事業主が講じる制度として何が必要ですか？

A

(1)事業主は、要介護状態にある対象家族を介護する労働者について、就業しつつ対象家族の介護を行うことを容易にする措置として、連続する3年間以上の期間における所定労働時間の短縮等の措置を講じなければなりません。

(2)この「措置」は、就業規則等に規定される等、制度化された状態になっている必要があります。運用で行われているだけでは不十分です。

Q2 「措置」を利用できる「連続する3年間以上の期間」は、いつから起算しますか？

A

(1)連続する3年間以上の期間は、労働者が短時間勤務制度等の利用を開始する日として申し出た日から起算します。

(2)例えば、令和5年2月20日に、3月20日から短時間勤務を利用したい旨を申し出た場合には、3月20日から起算して3年である令和8年3月19日以上利用できる制度である必要があります。

Q3 　労働者の介護を容易にするために事業主が講ずべき「措置」として、具体的に何が求められていますか？

A

(1)労働者が就業しつつ要介護状態にある対象家族を介護することを容易にする措置は、次のいずれかの方法により講じなければなりません。
①短時間勤務制度
　ア）１日の所定労働時間を短縮する制度
　イ）週又は月の所定労働時間を短縮する制度
　ウ）週又は月の所定労働日数を短縮する制度（隔日勤務や特定の曜日のみの勤務等の制度をいいます）
　エ）労働者が個々に勤務しない日又は時間を請求することを認める制度
②フレックスタイム制度
③始業又は終業の時刻を繰上げ又は繰下げる制度（時差出勤の制度）

④労働者が利用する介護サービスの費用の助成その他これに準ずる制度
(2)介護のための所定労働時間の短縮等の措置は、２回以上の利用ができる措置としなければなりません。ただし、上記(1)の④（費用助成の制度）を除きます。
(3)事業主は、要介護状態にある対象家族を介護する労働者について、上記(1)に掲げる措置のうち少なくとも１つを講ずれば足り、労働者の求めの都度これに応じた措置を講ずることまで義務づけられているわけではありませんが、可能な限り労働者の選択肢を広げるよう工夫することが望まれます。

Q4 　「短時間勤務制度」はどのように行いますか？

A

(1)短時間勤務の制度は、労働者がその要介護状態にある対象家族を介護することを実質的に容易にする内容のものが望ましいものであることに配慮します。

(2)具体的には、所定労働時間が８時間の場合は２時間以上、７時間以上の場合は１時間以上の短縮が望ましいとされています。

Q5 　「費用助成の制度」はどのように行いますか？

A

(1)費用助成の内容としては、労働者の所定労働日１日当たり２時間について、介護保険の利用限度額を超えるサービスとして、例えば、訪問介護サービス等を利用する場合や、公的介護保険の給付の対象とならないサービスとして、例えば、家事代行業者による生活援助のサービス等を利用する場合に、少なくともその料金の５割

に相当する額程度以上の助成額となることが望ましいとされています。
(2)助成方法としては、週一括、月一括とするなど適宜の方法によれば足りますが、見舞金など現実の介護サービスの利用の有無にかかわりなく少額の一時金を支給する制度は、この制度に該当しません。

■介護短時間勤務申出書

社内様式12

介護短時間勤務申出書

人事部長 殿

[申出日] 令和 5 年 11 月 29 日
[申出者] 所属 営業企画課
氏名 岡林 勝代

　私は、育児・介護休業等に関する規則（第 20 条）に基づき、下記のとおり介護短時間勤務の申出をします。

記

1　短時間勤務に係る家族の状況	(1) 氏名	岡林 三郎	
	(2) 本人との続柄	義父	
	(3) 介護を必要とする理由	要介護状態の悪化のため	
2　短時間勤務の期間	令和 5 年 12 月 18 日から 6 年 3 月 30 日まで		
	※ 9 時 30 分から 16 時 30 分まで ☑毎日　　□その他 〔　　　　　　　　　　　　　　　　　〕		
3　申出に係る状況	(1)短時間勤務開始予定日の2週間前に申し出て	(いる)・いない→申出が遅れた理由 〔　　　　　　　　　　　〕	
	(2) 1の家族について最初の介護短時間勤務を開始した年月日、及びこれまでの利用回数	〔最初の開始年月日〕 令和5 年 2 月 1 日 〔回数〕 　　　1 回	
	(3) 1の家族について介護短時間勤務の申出を撤回したことが	(ない)・ある（　　回） →既に2回連続して撤回した場合、再度申出の理由 〔　　　　　　　　　〕	

　（注）2 - ※欄は、労働者が個々に勤務しない日又は時間を申し出ることを認める制度である場合には必要となります。

Q6　家族介護を行っている労働者は、有期雇用労働者も時短等の措置を受けることができますか？

A

(1)有期雇用労働者は対象となります。
(2)日々雇い入れられる者、及び労使協定で適用除外とされた次の労働者は対象となりません。

①その事業主に継続して雇用された期間が1年に満たない労働者
②1週間の所定労働日数が2日以下の労働者

Q7 「短時間勤務制度」は分割して取得できますか？

A

(1)介護休業を、介護のための所定労働時間の短縮措置の間に挟んで取得することも可能です（⇒例１）。

(2)介護のための所定労働時間の短縮措置は、制度上、２回以上利用できるようにすればよく、労働者が望む場合は、１回にまとめて利用することも可能です（⇒例２）。

（例１）

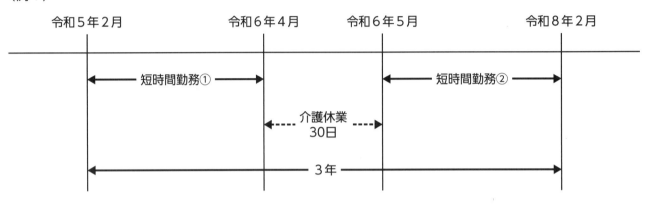

（例２）

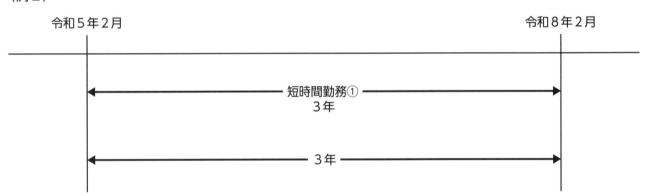

■介護短時間勤務取扱通知書
→「育児短時間勤務取扱通知書」を参照（⇒90頁）。

時短と介護休業は交互に取得することを想定

　事業主が講ずべき措置は、労働契約関係が存続したまま労働者の労務提供義務が消滅する介護休業と、労務提供義務が存在することを前提に労働時間の短縮等の措置を行う介護のための所定労働時間の短縮等の措置とは両立しないため、所定労働時間の短縮等と介護休業を交互に取得することを想定し、「Q７」の(2)のとおり、「２回以上の利用ができる措置」とされています。

(2)介護休業給付の届出

Ⅰ　産前産後（1）

Ⅰ　産前産後（2）

Ⅱ　育児休業（1）

Ⅱ　育児休業（2）

Ⅲ　介護休業（1）

Ⅲ　介護休業（2）

1. 介護休業給付金の概要

- 雇用保険の被保険者が対象家族を介護するために介護休業を取得した場合、一定の要件を満たすと、雇用保険から介護休業給付金の支給を受けることができます。
- 介護休業給付金は同じ対象家族について、93日を限度に3回までに限り支給されます。

1 支給対象者

Q1 介護休業給付金とは何ですか？

A

(1)雇用保険の被保険者※が対象家族を介護するために介護休業を取得し、その間給与の一部又は全部が支払われない場合、一定の要件を満たすと、雇用保険から介護休業給付金の支給を受けることができます。

(2)支給を受けるためには所定の手続が必要となります。この手続は公共職業安定所（ハローワーク）で行います。

※ 「被保険者」とは、一般被保険者及び高年齢被保険者をいいます（以下同じ）。

Q2 介護休業給付金の支給対象者は誰ですか？

A

(1)家族を介護するための休業をした雇用保険の被保険者で、介護休業開始日前2年間[1]に、賃金支払基礎日数[2]が11日以上ある完全月[3]が12か月以上[4]ある人が支給対象となります。

(2)なお、介護休業を開始する時点で、介護休業終了後に離職することが予定されている場合には、支給の対象になりません。

(3)有期雇用労働者の場合には、上記(1)のほか、同一事業主の下で介護休業開始予定日から起算して93日を経過する日から6か月を経過する日までに、その労働契約（労働契約が更新される場合にあっては、更新後のもの）が満了することが明らかでないことが必要です。

※1 介護休業開始日前2年間にけが、病気等の理由により引き続き30日以上賃金の支払いを受けることができなかった場合には、これらの理由により賃金の支払いを受けることができなかった日数をこの期間に加えた日数（最大4年）となります。

※2 「賃金支払基礎日数」とは、賃金の支払いの基礎となった日数をさします。

※3 過去に基本手当の受給資格や高年齢受給資格の決定を受けたことのある方については、それらの決定を受けた後のものに限ります。

※4 賃金支払基礎日数が11日以上の月が12か月ない場合は、完全月で賃金の支払の基礎となった時間数が80時間以上の月を1か月として取り扱います。

2 支給対象となる介護休業

Q3 支給対象となる介護休業はどのようなものですか？

A

(1)介護休業給付金は、次の①及び②を満たす介護休業について、支給対象となる同じ家族について93日を限度に3回までに限り支給されます。
　①「要介護状態」にある「対象家族」を介護するための休業であること
　②被保険者が、その期間の初日及び末日とする日を明らかにして事業主に申出を行い、これによって実際に取得した休業であること
(2)「要介護状態」とは、けがや病気、又は障害により、2週間以上にわたり常時介護（歩行、排泄、食事等の日常生活に必要な便宜を供与すること）を必要とする状態をさします。
(3)「対象家族」とは、次の①又は②のいずれかに該当する者をいいます。
　①被保険者の「配偶者（事実婚を含む）」「父母（養父母を含む）」「子（養子を含む）」「配偶者の父母（養父母を含む）」
　②被保険者の「祖父母※」「兄弟姉妹※」「孫※」
　※　平成29年1月より、「同居し、かつ扶養」の要件がなくなっています。

3 介護休業給付の内容

Q4 給付の内容を教えてください。

A

(1)介護休業給付金は、1回の介護休業につき、毎回、介護休業開始日から起算した1か月ごとの期間（「支給単位期間※1」という）の支給額を計算し、支給します。
(2)介護休業を分割して取得する場合は、分割して支給されることになります。
(3)介護休業給付金の対象となる1回の介護休業期間は最長3か月なので、支給対象は、1回につき、最大3支給単位期間となります。
(4)1つの支給単位期間中に、「就業していると認められる日※2」が10日以下でなければ、その支給単位期間は支給対象となりません。
(4)なお、介護休業終了日の属する1か月未満の支給単位期間については、就業していると認められる日が10日以下であるとともに、全日休業している日が1日以上あることが必要です。
(5)また、支給単位期間の途中で離職した場合、その支給単位期間は支給を受けられません。
　※1　「支給単位期間」は、その1か月の間に介護休業終了日を含む場合は、その終了日までの期間となります。
　※2　「就業していると認められる日」とは、全日休業している日（日曜日や祝日等の会社の休日を含む）以外の日をいいます。

■ 他の休業との重複は対象外

介護休業の期間中にほかの家族に対する介護休業、産前産後休業、育児休業が開始された場合、それらの新たな休業の開始日の前日をもって当初の介護休業は終了し、その日以降の分は介護休業給付金の支給対象となりません。

■ 高年齢雇用継続給付との調整

高年齢雇用継続給付を受けている場合、高年齢雇用継続給付の支給対象月の初日から末日までの間、引き続いて介護休業給付金を受けることができる場合は、その月の高年齢雇用継続給付を受けることはできません。

4　支給額

Q5　支給金額はどのように計算しますか？

A

(1)介護休業給付金の各支給対象期間※1ごとの支給額は、原則として、
「休業開始時賃金日額×支給日数×67％」です。

(2)上記(1)の「支給日数」とは、ａ）「ｂ」以外の支給対象期間については30日、ｂ）休業終了日の属する支給対象期間についてはその支給対象期間の日数、です。

(3)「賃金日額」は、事業主の提出する「休業開始時賃金月額証明書（票）」によって、原則、介護休業開始前6か月間の賃金を180日で除した額です。

(4)これに上記(2)の支給日数の30日を乗じることによって算定した「賃金月額」が501,300円を超える場合は、賃金月額は501,300円となります。また、賃金月額が79,710円を下回る場合は、79,710円となります（令和4年8月1日からの額※2）。

※1　介護休業給付金の支給の対象となる支給単位期間を「支給対象期間」といいます。

※2　上限額及び下限額は、毎年8月1日に変更される場合があります。

Q6　賃金支払がある場合はどのように取り扱われますか？

A

(1)支給対象期間中に賃金支払日があり、そこで支払われた賃金※の額と、「賃金日額×支給日数」の67％相当額の合計額が、「賃金月額」の80％を超える場合は、その超えた額が減額されて支給されます。

(2)その結果、下図のようになります。

※　介護休業の期間を対象とする賃金に限ります。

賃金が休業開始時賃金日額×支給日数（Q5ａ又はｂ）の
・13％以下の場合……賃金月額の67％相当額を支給
・13％を超えて80％未満の場合……賃金月額の80％相当額と賃金の差額を支給
・80％以上の場合……支給されません

5　日程

Q7　介護休業給付金の日程について具体例で教えてください。

A

(1)介護休業を5月23日に開始する場合の支給申請関係手続の日程は次図のとおりです。

(2)提出は事業主が行いますが、やむを得ない理由がある場合等は被保険者本人がハローワークに提出することも可能です。

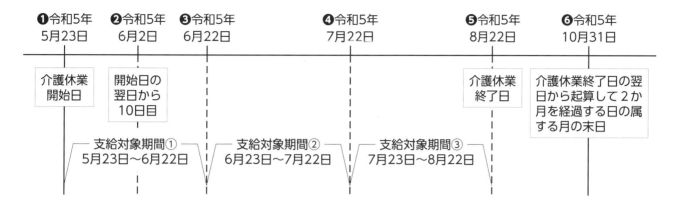

事業主経由で、賃金登録と支給申請を同時に行う場合

提出書類	提出期限
雇用保険被保険者休業開始時賃金月額証明書	令和5年8月23日（❺の翌日）〜令和5年10月31日（❻） ※　事業主を経由して「介護休業給付金支給申請書」を提出する場合には、その支給申請書と同時に（支給申請書の提出期限までに）提出することができます。なお、被保険者が「介護休業給付金支給申請書」を提出する場合はその日まで。
介護休業給付金支給申請書	令和5年8月23日（❺の翌日）〜令和5年10月31日（❻） ※　各介護休業の終了日（介護休業期間が3か月以上にわたるときは介護休業開始日から3か月を経過する日）の翌日から起算して2か月を経過する日の属する月の末日まで。

Q8 複数回の介護休業を取得した場合の取得日数の例を教えてください。

(1)介護休業給付金は、支給対象となる同じ家族について93日を限度に3回までに限り支給されます（「Q3」参照）。

(2)同じ対象家族について2回の介護休業給付金の支給を受ける場合、支給日数等の例は以下のとおりです。

①令和5年6月1日から7月31日まで取得した介護休業について、支給日数61日の介護休業給付金を受給。

・支給対象期間その1：令和5年6月1日〜6月30日⇒支給日数30日（「Q5」(2)a）

・支給対象期間その2：令和5年7月1日〜7月31日（休業終了日7月31日）⇒支給日数31日（「Q5」(2)b）

②さらに、同じ対象家族について取得した2回目の介護休業について、支給日数32日まで（①と通算して支給日数93日まで）介護休業給付金の受給が可能。令和5年9月1日から10月2日まで介護休業を取得。

・支給対象期間その1：令和5年9月1日〜9月30日⇒支給日数30日（「Q5」(2)a）

・支給対象期間その2：令和5年10月1日〜10月2日（休業終了日10月2日）⇒支給日数2日（「Q5」(2)b）

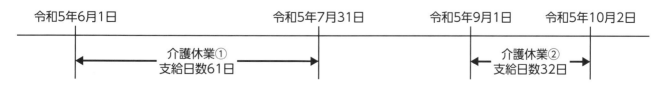

2. 介護休業給付金の申請

- 1回の介護休業終了後、事業主は、「介護休業給付金支給申請書」を提出します。

- 被保険者が介護休業を開始した場合、事業主等は、「雇用保険被保険者休業開始時賃金月額証明書」を提出します。

1 支給申請手続

Q1 介護休業給付金の支給申請手続について教えてください。

A

(1)介護休業給付金の支給を受けるためには、「介護休業給付金支給申請書」（様式例⇒150頁）及び「雇用保険被保険者休業開始時賃金月額証明書」（様式例⇒152頁）を、その内容を確認できる添付書類とともに提出期限※までにハローワークに提出することが必要です。

(2)支給申請の結果は、支給額等の記載された「支

給決定通知書」又は「不支給決定通知書」により通知されます。

(3)支給決定された場合の介護休業給付金は、支給申請書中の「払渡希望金融機関指定届」により届け出られた被保険者本人の金融機関の口座に、支給決定後約1週間後に振り込まれます。

※ 提出期限については146頁「Q7」を参照。

2 休業開始時賃金月額証明書・支給申請書

Q2 「休業開始時賃金月額証明書」はどのように提出しますか？

A

(1)「雇用保険被保険者休業開始時賃金月額証明書」の提出は事業主が行います。

(2)添付書類は、記載内容が確認できる賃金台帳や出勤簿、労働者名簿等です。

(3)提出期限は、被保険者が「介護休業給付金支給申請書」を提出する日までです。ただし、事業主を経由して「支給申請書」を提出する場合には、同時に提出することができます。

Q3 「介護休業給付金支給申請書」の提出はどのように行いますか？

A

(1)「介護休業給付金支給申請書」の提出は事業主※1が行います。

(2)添付書類は次の書類です。

①被保険者が事業主に提出した介護休業申出書（様式例⇒122頁）

②介護対象家族の氏名、申請者本人との続柄、

性別、生年月日等が確認できる書類（住民票記載事項証明書等）

③介護休業の開始日・終了日、介護休業期間中の休業日数の実績が確認できる書類（出勤簿等）

④介護休業期間中に介護休業期間を対象に支払われた賃金が確認できる書類（賃金台帳等）

(3)提出期限は、各介護休業の終了日[※2]の翌日から起算して2か月を経過する日の属する月の末

日までです。例えば介護休業終了日が7月25日の場合、7月26日〜9月30日となります。

※1　やむを得ない理由のため、事業主を経由して提出することが困難な場合や被保険者本人が自ら申請手続を行うことを希望する場合は、被保険者本人が提出することも可能です。被保険者本人が提出する場合は、事業主が本人に交付する「雇用保険被保険者休業開始時賃金月額証明書」「介護休業取扱通知書（様式例⇒123頁）」及び(2)の②から④を添付します。

※2　介護休業期間が3か月以上にわたるときは介護休業開始日から3か月を経過する日です。

Q4 「介護休業給付金支給申請書」中、［19］［22］［25］欄の「支払われた賃金額」とは何ですか？

A

(1)［19］［22］［25］欄には、［17］［20］［23］欄の各々の支給対象期間に支払われた賃金額を記載します。

(2)「支給対象期間に支払われた賃金」とは、支給対象期間中の賃金支払日に支払われた賃金であって、介護休業期間を対象とした賃金をいいます。

(3)下図の例でいえば、「支給対象期間①（8月31日〜9月29日）」には、この期間の賃金支払日（9月25日）に、「支給対象期間②（9月30日〜

10月30日）」には、賃金支払日（10月25日）に、「支給対象期間③（10月31日〜11月30日）」には、賃金支払日（11月25日）に支払われた賃金額を、それぞれ「介護休業給付金申請書」の［19］［22］［25］欄に記載することとなります。

(4)なお、それぞれの賃金支払日に支払われた賃金額のうち、一部分でも介護休業期間外を対象とする給与・手当等や、対象期間が不明確な給与・手当等の額は計上しないでください。

（例） 賃金締切日20日、賃金支払日25日の事業所で、8月31日から11月30日までの介護休業を取得

■介護休業給付金支給申請書

■　様式第33号の6（第101条の19関係）（第1面）

介護休業給付金支給申請書
（必ず第2面の注意書きをよく読んでから記入してください。）

帳票種別　`1 6 6 0 1`

1.介護休業被保険者の個人番号　`1 2 3 4 5 6 7 8 9 0 1 2`

2.被保険者番号　`1 3 0 0 - 2 3 4 5 6 7 - 8`

3.資格取得年月日　`4 - 1 0 0 4 0 1`（3 昭和　4 平成　5 令和）元号　年　月　日

4.被保険者氏名　西田　卓　**フリガナ（カタカナ）**　ニシダ　スグル

5.事業所番号　`1 3 0 0 - 7 6 5 4 3 2 - 1`

6.姓（漢字）　西田

7.名（漢字）　卓

8.介護休業開始年月日　`5 - 0 5 0 8 3 1`　元号　年　月　日

9.介護対象家族の個人番号　`1 2 3 4 5 6 7 8 9 0 1 2`

10.介護対象家族の姓（カタカナ）　ニシダ

11.介護対象家族の名（カタカナ）　ジロウ

12.介護対象家族の性別　`1`（1 男　2 女）

13.介護対象家族の続柄　`2`（1 配偶者／2 父母／3 子／4 配偶者の父母／5 祖父母／6 兄弟姉妹／7 孫）

14.介護対象家族の姓（漢字）　西田

15.介護対象家族の名（漢字）　次郎

16.介護対象家族の生年月日　`3 - 2 2 0 1 1 5`（1 明治　2 大正　3 昭和／4 平成　5 令和）元号　年　月　日

17.支給対象期間その1（初日）（末日）　`5 - 0 5 0 8 3 1 - 0 9 2 9`　元号　年　月　日

18.全日休業日数　`3 0`

19.支払われた賃金額　`0` 円

20.支給対象期間その2（初日）（末日）　`5 - 0 5 0 9 3 0 - 1 0 3 0`　元号　年　月　日

21.全日休業日数　`3 1`

22.支払われた賃金額　`0` 円

23.支給対象期間その3（初日）（末日）　`5 - 0 5 1 0 3 1 - 1 1 3 0`　元号　年　月　日

24.全日休業日数　`3 1`

25.支払われた賃金額　`0` 円

26.介護休業終了年月日　（介護休業期間が93日未満のとき記入）元号　年　月　日

27.終了事由　（1 職場復帰／2 休業事由の消滅）

※公共職業安定所記載欄

28.賃金月額（区分－日額又は総額）　`,` 円（1 日額／2 総額）

29.同一対象家族に係る介護休業開始年月日　元号　年　月　日

30.期間雇用者の継続雇用の見込み

31.支払区分

32.金融機関・店舗コード　口座番号

33.未支給区分　（空欄 未支給以外／1 未支給）

34.処理区分　（空欄 一括処理／1 否認（期間）／2 否認（対象家族）／3 資格確認のみ／4 支給のみ／5 否認（93日超）／6 否認（取得回数））

35.特殊事項　（1 チェック不要／2 再開（他の休業の終了）／3 再開（被保険者資格再取得））

上記被保険者が介護休業を取得し、上記の記載事実に誤りがないことを証明します。村山商事株式会社
事業所名（所在地・電話番号）東京都大田区大森3－2－1　(03)6789－4321
令和 5 年12月15日　事業主氏名　代表取締役 北村 健太

雇用保険法施行規則第101条の19の規定により、上記のとおり介護休業給付金の支給を申請します。
令和 5 年12月15日　大森 公共職業安定所長 殿
住所　東京都千代田区内神田12－14－16
フリガナ ニシダ スグル
申請者氏名　西田 卓

払渡希望金融機関指定届	36.払渡希望金融機関	フリガナ	トウザイギンコウ　チヨダ		金融機関コード	店舗コード
		名　称	東西銀行 千代田	本店支店	0 0 9 9	1 2 3
		銀行等（ゆうちょ銀行以外）	口座番号（普通）9876543			
		ゆうちょ銀行	記号番号（総合）　－			

備考	賃金締切日 20日　賃金支払日 当月・翌月 25日　通勤手当 有・毎月・3か月・6か月・無	※処理欄	支給決定年月日	令和　年　月　日
			支給決定額	円
			不支給理由	
			通知年月日	令和　年　月　日

社会保険労務士記載欄	作成年月日・提出代行者・事務代理者の表示	氏　名	電話番号	※	所長	次長	課長	係長	係	操作者

2021. 9